Christophe intime

Bénédicte La Capria

Christophe intime

Albin Michel

Note de l'éditeur : Certains prénoms ont été modifiés pour respecter l'anonymat de proches.

En 1965, un garçon âgé de vingt ans qui se faisait appeler Christophe et ressemblait à James Dean devint célèbre grâce à une chanson au doux prénom de fille : *Aline*. La chanson, vendue à plus d'un million d'exemplaires, devint le slow de l'été et le fit entrer dans la cour des icônes yéyé. Il poursuivit la route qu'il s'était choisie, celle de la musique et de la liberté, tombant sur les tubes sans les chercher, comme par magie. On lui doit notamment *Les marionnettes*, *Les mots bleus*, *Les paradis perdus*, *Daisy*, *Señorita*, *Succès fou*, etc.

En 2018, j'ai eu la chance de le croiser. Il était alors une star au parcours incroyable, une légende. Il m'a ouvert sa porte et son cœur, et je suis entrée. Alors ma vie a changé. Ce fut immédiat. Il voulait qu'ensemble nous écrivions. Mais pas seulement.

Son quotidien tout entier tournait autour de la musique. Ses chansons, c'était sa vie.

Pour créer, il s'entourait de filles. Pour lui, une femme était ce qu'il y a de plus beau sur terre. Sans les filles, disait-il, il n'y aurait pas de musique. Il les aimait tellement qu'il voulait toutes les attraper.

Christophe intime

Au lendemain de sa mort, j'ai commencé à noter nos souvenirs. Je ne voulais pas l'oublier. Je ne voulais rien oublier. Je voulais le garder, intact, dans ma mémoire. Et j'ai pensé qu'un livre était l'endroit idéal où le garder vivant.

Le voici tel qu'il m'est apparu, tel que je l'ai connu.

Les choses les plus belles, au fond,
restent toujours en suspension.

Tu te tiens derrière moi, penché au-dessus de mon épaule. Si je me retourne, tu disparais. Alors je bouge le moins possible. Je ne veux rien voir, rien entendre, rien écouter, rien ressentir d'autre que toi. Tu es mort, je t'écris.

Chez toi, dans le salon-studio où tu reçois tes visiteurs, c'est moi qui me tiens dans ton dos. Debout, assise ou accroupie. Seule ou en compagnie de tes invités. À écouter tes dernières créations, les duos qui peuplent tes albums, les prémices de celui que tu ne mèneras pas à terme, un nouvel arrangement pour le film de Dumont...

Tu cherches des sons. Ton téléphone tinte et clignote chaque fois que tu reçois un nouveau message. Tu entretiens de nombreuses conversations.

Tu es assis sur un fauteuil pivotant, chromé, les jambes croisées d'une drôle de manière. Comme ça :

Quand on est tous les deux, tu me fais écouter des gimmicks, des fonds sonores, une nappe… J'apprends les termes pendant que tu les assembles. Ta mère était couturière. Le fil vient d'elle et tu ne l'as jamais coupé. Tu trouves un enchaînement d'accords et je te dis : « C'est beau. » L'instant est doux, lent, comme suspendu. Des fois, quand tu veux que je savoure vraiment une de tes compositions, on inverse nos places. Je m'assois dans ton fauteuil vintage, je fais un petit tour sur moi-même pendant que tu t'installes à la table de poker.

– T'es prête ?

– Ouais.

Tu lances le morceau et je me concentre. Tu m'observes, curieux de mes réactions. Tu me dis deux ou trois trucs que je n'entends pas et auxquels je réponds « oui » au hasard. On a de la chance, le hasard fait bien les choses entre nous. Quand je te fais mon retour, très succinct, tu me dis des trucs gentils. « Toi tu piges tout, c'est pour ça que je t'aime. »

Je me sens vraiment exceptionnelle près de toi.

1. Dîner à l'hôtel Costes

16 juillet 2018, 2 heures du matin. Tu m'emmènes dîner à l'hôtel Costes. Jean-Pierre Bacri, sur le départ, ouvre la porte et s'incline respectueusement sur ton passage. À cette heure avancée de la nuit, on est presque seuls dans le patio. C'est très agréable, le luxe. Tout est beau, les gens sont gentils, prévenants, et plus encore en ta compagnie. Tu es le prince de la nuit et tu dispenses fantaisie et douceur sur ton chemin. Au milieu de tant de bienveillance, je me sens devenir légère. Meilleure peut-être. L'extérieur nous modèle à notre insu. Je m'en rends compte avec toi qui as su te créer un univers à l'écart, dans la nuit, protégé des frasques du monde et de ses prétentions.

Les bougies brunes diffusent leur parfum envoûtant et ravivent les sensations étranges et merveilleuses qui me traversent. Cette odeur, je l'associe maintenant à ton appartement. J'allume la mèche d'une bougie et dans les vapeurs de vieux rhum et de bois ciré, ton fantôme m'apparaît.

Installés sur la terrasse, à l'opposé des rares tables encore occupées, près d'un auvent qui te protège des courants d'air malgré les 28 °C ambiants, tu prends ma main.

Tu me dis : « Je vieillis. Je suis perdu entre toutes ces filles. Tu pourrais être mon dernier amour. Penses-y. Mais faut qu'on essaie au moins une fois pour savoir si ça colle. Je te sens bien, tu m'inspires. Mais on ne peut pas savoir avant d'avoir essayé. Il faut qu'on se goûte, tu piges ? Réfléchis-y. Tu me donnes ta réponse quand je reviens de concert. » Tu penses que c'est une aubaine pour moi. Tu ne le dis pas, mais je le lis entre les lignes.

D'ailleurs, tu as raison : quelle aubaine ! Quelle chance tu me donnes contre un peu d'affection et de caresses ! Tu m'ouvres la porte d'un monde de plaisirs et de musique. Magique. Ton romantisme exacerbé et tes chansons sont des armes de séduction imparables. Les femmes en raffolent. Tu le sais. Et puis tu es si tendre, si gentil. Mais j'ai quand même l'impression qu'on discute affaires. Le deal est entre mes mains : si je conviens au lit, je gagne le jackpot. À ce moment-là d'ailleurs, je te plais seulement. Je sens que je m'inscris dans une sorte de suite, une de plus et peut-être la dernière…

À la fin du repas, un acteur, Ramzy, vient te saluer. Il baise ma main, obséquieux : « Madame, excusez-moi de vous importuner. » Puis dans une longue tirade, il exprime l'admiration que tu lui inspires. Quand il part, tu me demandes : « C'est qui ? Je l'aime pas. »

T'es comme ça. T'aimes ou t'aimes pas. Tu es très instinctif.

Je te dis : « Il faudra qu'on revienne et je rentre la première, décoiffée, avec une robe trouée. T'attends un peu dehors… Puis tu entres et tu me rejoins. Je veux voir leurs têtes quand j'apparais toute dépenaillée et que l'instant d'après, ils comprennent que je suis avec toi. Le changement d'expression sur leur visage, je veux le voir. »

Tu dis : « Oui, ma chérie, on fera ça. »

Il fait très chaud. La nuit est belle, étoilée. Je crois que je ne me suis jamais sentie plus vivante qu'avec toi. J'existe vraiment quand tu ouvres devant moi les portes de la nuit.

– L'obscurité, c'est la lumière des fous.

– C'est de qui ?

– J'crois que c'est de moi mais c'est peut-être d'Artaud.

2. La Philharmonie

Nous deux, ça a commencé quatre mois plus tôt, le 12 mars 2018, à la Philharmonie. Tu as laissé deux places pour Mattéo et moi. Mattéo, c'est mon fils et tu ne me connais qu'à travers les photos qu'il t'a montrées. Depuis, tu veux me rencontrer : « Imagine qu'on ait un flash ! Enfin, ça m'étonnerait, je suis vieux », lui écris-tu. On est bien placés, au premier rang du premier balcon, fauteuils A6 et A8. J'ai gardé les billets. Juste derrière nous, Claire Nebout et son mari Frédéric Taddéi n'en reviennent pas de nous voir là, un rang devant eux. Je plaisante, je leur dis : « La roue tourne ! »

Le concert m'enchante. Ta présence, toute en douceur et émotion, me touche beaucoup. Drôle, fantasque et vif, tu as une aura incroyable. Tu chantes assis et pour te déplacer, comme tu n'aimes pas marcher, tu as inventé la chaise à sons. Des chanteurs que tu aimes bien se succèdent sur la scène pour chanter avec toi.

Après le concert, grâce aux bracelets qui font office de pass, on accède au backstage réservé aux V.I.P. et aux proches des artistes. Je t'aperçois, assis sur le canapé. Une foule d'admirateurs t'entourent ; chacun attend son tour pour saluer la star, une coupe à la main : champagne et petits fours garnissent les tables de ta loge. T'as l'air heureux. Je patiente. Des artistes vont et viennent : je reconnais Raphaël et Mélanie Thierry, Chrysta Bell, Sébastien Tellier, Julien Doré…

Un quart d'heure plus tard, la nuée d'admirateurs s'est suffisamment dissipée pour que Mattéo fasse les présentations. Je t'embrasse, je dis : « Bravo, hein ! » Tu es occupé avec des filles alors je recule, embarrassée. À un moment, tu me regardes. D'un geste, tu m'indiques une place à côté de toi, sur le canapé : « Viens là. » J'obéis.

Tu es en pleine discussion avec une jeune fille, Agathe, enjouée et vive. Elle raconte avoir quitté les jeunesses socialistes après que sa candidature, jugée polémique, a été rejetée à un poste de présidence à cause de la position sociale élevée de son père. Vous vous connaissez depuis dix ans. Quand tu l'as rencontrée, elle en avait douze. J'écoute sans me mêler de la discussion et tu ne me poses pas de questions. Tu respectes mon silence. Je crois même que c'est ça qui te plaît : ma façon d'être ailleurs. La soirée pourrait se poursuivre jusqu'à l'aube mais ta régisseuse nous informe qu'il faut partir, la Philharmonie va fermer. Je remarque alors une jeune fille asiatique, plantée face à nous, le regard noir, qui t'attend pendant que tu papillonnes. C'est Chloé.

Enfin, tu lui prêtes attention. Tu lui demandes : « Le

taxi est là ? » Elle acquiesce, tout en restant à distance, boudeuse. Tu nous dis : « Quand je l'ai rencontrée, elle était serveuse. » Tu ne dis pas ça par hasard. Tu dis ça pour que nous mesurions le chemin qu'elle a parcouru grâce à toi. Du moins, c'est l'impression que j'en retire. Une jeune femme évanescente, aux longs cheveux bruns, s'active dans ta loge. Elle range, prépare, remballe, dévouée et silencieuse. C'est Amélie. Je sens un lien spécial entre vous et je la trouve intrigante. Elle me fait penser au personnage de Marlene dans la pièce de Fassbinder, *Les Larmes amères de Petra von Kant*, laquelle évolue douloureusement dans l'ombre d'une star qu'elle chérit[1]. Je ne sais pas encore que je serai amenée à revoir certaines de ces filles.

3. Boulevard du Montparnasse

Quelques semaines plus tard, tu acceptes une invitation de Mattéo. Afin de promouvoir un projet de films sur la poésie, Poèmétrages, il invite un tas d'artistes plus ou moins connus lors de dîners dits « nondains ». Je suis chargée de nourrir et servir tout le monde. Dans ma cour, entre deux voitures, tu apparais après minuit… Le plus adorable, le plus humble de tous… Tu ne me traites pas comme une servante, toi. Tu m'ériges aussitôt en reine.

Dès le lendemain, tu demandes à mon fils l'autorisation de m'inviter à dîner. Tu veux me proposer de travailler avec toi. J'accepte, flattée de susciter un engouement si subit.

1. Rainer Werner Fassbinder, 1971.

Je te rejoins boulevard du Montparnasse. L'angle de ton immeuble forme un U, serti de larges fenêtres qui coulissent latéralement. Le bas et le haut sont en pavés translucides. Je grimpe les trois étages, ta porte est entrouverte et des parfums délicieux me cueillent sur ton palier : bougie brune de chez Costes, huiles essentielles de romarin, thym et eucalyptus… Un accroche-porte indique : « NID D'AMOUR, NE PAS DÉRANGER ». Je frappe. « Entre », réponds-tu. J'avance sur la pointe des pieds à cause de mes talons qui claquent sur le parquet. Ton appartement est plongé dans la pénombre. Un énorme juke-box, des toiles, des instruments bizarres sont entreposés dans l'entrée. En fond sonore, le duo des *Mots bleus* que tu as enregistré avec le groupe américain Son Lux pour ton prochain album. Je suis un peu surprise car tu es en compagnie de deux filles, Helena et Marissa. Je pensais que nous serions seuls. Assis devant ta table de mixage, tu pivotes sur ton fauteuil pour me faire la bise : « C'est un rendez-vous de travail, en t'attendant », me glisses-tu à l'oreille.

Une lumière violette se mêle aux lourds rideaux prune qui encadrent la baie. J'aperçois la lune qui scintille de l'autre côté du boulevard. Ta table de mixage est positionnée juste en face. Claviers, ordinateurs et boîtes à rythmes s'agencent en demi-lune, comme dans la cabine de pilotage d'un bateau.

– Ah ouais, je pilote le son, quoi.

– Voilà, c'est ça.

Posés sur la console, ton micro, une boîte de kleenex, ton téléphone que tu ne quittes jamais, la photo de Bashung, celle de ta fille Lucie, les visages des femmes qui t'inspirent, passent, reviennent et disparaissent selon ton bon plaisir. À chaque nouvelle idylle, tu décides d'être fidèle. Ou plutôt, tu décidais.

Je m'assois à la table avec vous. Helena est réalisatrice et elle aimerait te faire tourner dans un clip. Marissa est mannequin et te donnera la réplique. Vous buvez du vin blanc tout en discutant de vos goûts musicaux et cinématographiques.

Je me sers un verre de chablis. Mes yeux s'arrêtent sur la toile de Don Quichotte à cheval, ma peinture favorite. Il y a tellement de choses, je n'arrive pas à me souvenir de tout. Des objets d'art, des fétiches, des peintures, des bibelots et des livres de collection s'empilent du sol au plafond. Un mannequin en fer tressé se dresse devant le piano à queue. Une robe de couturier taille XXS en fil d'argent s'y balance mais d'ici quelques minutes, tu la donneras à Marissa, juste parce qu'elle est certaine de rentrer dedans. Le couvercle du piano est ouvert et posé à l'intérieur, un échiquier avec ses figurines. Au fond, à droite, le flipper est allumé et dans un renfoncement, trône la vierge noire. Des flammes sortent de ses mains. Tu me dis que tu l'as achetée dans la rue, à un type limite clodo. Ça augmente mon intérêt. C'est elle, mon objet préféré.

Je me dis que tu vas m'abandonner dare-dare pour Marissa, mais à 23 heures tu mets fin aux échanges pour m'emmener dîner.

4. Le Sourire de Saigon

Richard, patron du Sourire de Saigon, nous accueille à bras ouverts. Il nous installe à ta table ronde préférée où nous nous asseyons, côte à côte, devant un cocktail maison. Je commande des gambas ail et poivre et du riz gluant cuit dans une tige de bambou. Toi, tu prends des raviolis vapeur, une salade de papaye, des nems suivis de poulet grillé et du riz à l'ail. Tu me fais goûter tes plats. L'alcool et la bonne chère aidant (on boit du vin blanc, notre vin préféré), je deviens bavarde.

Je te fais remarquer que nous sommes assis tous les deux en tailleur, jambes croisées sous la table. Tu es d'une souplesse étonnante pour un homme. Tu reviens sur la proposition qui justifie ce dîner : tu me veux pour gérer les journalistes et t'accompagner en concert. Tu sors un album de duos à la rentrée, tu m'expliqueras, mais je serai une sorte d'assistante. Je te suivrai partout. Même au Vietnam où se prépare une tournée. C'est tellement inespéré que je parle tout de suite de quitter mon boulot. Juste, j'ai un peu peur que sitôt engagée, tu me renvoies. « Non, c'est pour au moins trois ans », me rassures-tu. La fille qui assure cette tâche en ce moment, Marina, n'est pas à la hauteur. Moi, si. On ne parle ni argent ni salaire, pas plus de contrat. Pour ça, on est sur la même longueur d'onde.

Le lendemain, au réveil, je découvre les longs messages que tu as envoyés pendant la nuit.

13/07/2018 05 h 22
Tes lèvres bougent, ta main chasse la mèche, te regarder comme si je t'aimais plus fort que la jouissance...

Évidemment, la proposition de travail se corse un peu.

13/07/2018 05 h 25
Cette nuit je traverse le temps, je vieillis à l'envers, mes rides sont du passé...

Pas vraiment, non, tu es vieux et je le vois. Mon cœur n'est pas assez pur pour l'ignorer. Mais tes déclarations m'émeuvent parce que tu es sincère.

15/07/2018
La rétine pleine de toi, je goûtais tes sommets, nos cuisses repliées parce qu'on aime s'asseoir comme ça, toi et moi. [...] Tu étais là, comme un don étrange, peur de rien. [...]

Bénédicte, je cours après ta fuite. Viens dîner lundi...

5. 21 avril 2020 : le rêve

J'ai fait un rêve et tu n'étais pas mort. On partait faire un concert sur la mer. Tout ton staff. Direction l'océan. Moi, j'étais toute seule dans mon bateau. Il était tout petit, cassé. J'allais me faire renverser par les vagues dans le sillage des autres bateaux, plus gros, alors tu m'as fait monter dans le tien : une gondole gigantesque et un équipage tout en blanc pour te conduire.

Tu étais beau, vêtu de noir, tes cheveux blonds plaqués en arrière… Comme avant. Je me suis assise à côté de toi, j'ai posé ma tête sur tes genoux. Tu m'as dit que j'étais belle. Tu m'as demandé d'entrouvrir la bouche. T'as effleuré mes lèvres, glissé un doigt contre mon palais, frôlé mes dents… Je retenais mon souffle.

Puis tu as dit encore : « Je suis triste. J'ai couché avec Ilona mais pas avec Aurélie. Elle voulait pas. »

Je ressentais ta tristesse et elle était infinie… Alors je me suis blottie dans tes bras pour te consoler, mais j'étais triste aussi. On a dérivé comme ça, serrés l'un contre l'autre, ma tête contre ta poitrine. Je t'aimais follement. Et malgré la tristesse, on était contents d'être là.

Quand j'ai entendu / Un râle / Dans tes poumons. Je me suis relevée. On s'est regardés un moment… Puis t'as haussé les épaules comme pour me dire : « Je peux plus rester, ma bb. »

Alors je me suis réveillée.

6. Le premier été

Tout le monde veut être reconnu
mais il ne faudrait être connu que des gens
qui vous aiment.

Tu restes à Paris tout le mois de juillet, et mes soirées de libre je te les dédie. Souvent, on est un peu timides. On boit l'apéro et après avoir écouté tes derniers arrangements ou un artiste qui te touche, on va dîner. Le premier été, on va souvent chez Lily Wang, un restaurant chinois chic, au pied des Invalides. Parfois, Helena et Marissa se joignent à nous. On s'entend bien toutes les trois. On s'installe en terrasse seulement quand il n'y a pas une once de vent. Quelle que soit la température, tu ne sors jamais sans ta doudoune. « Ma doudoune, c'est mon sac », m'expliques-tu. Parfois, je te sens faible, physiquement faible. Alors j'anticipe tes besoins.

Qu'importe le nombre de convives à table, c'est toi qui casques. J'en prends vite l'habitude même si de temps en temps, j'insiste pour régler la note. Heureusement, tu refuses : la moitié de mon salaire y passerait. Malgré des horaires de nuit et de week-end chez MK2 – les salles de cinéma –, je suis au Smic. Je m'en accommode, car ça me laisse le temps d'écrire entre les séances.

– T'arrives à travailler au travail ?

– Oui, au travail, je travaille.

– Ah bon…

T'es dans ta phase d'attaque, celle où tu couvres ta dulcinée de cadeaux et de déclarations d'amour si folles qu'elle tombe rapidement dans tes filets. Je ne suis pas la seule que tu courtises : tu craques ouvertement pour Marissa. Elle est jolie et ses cheveux sont roses, puis bleus. Mais je m'en fous. Être aimée de toi, c'est mieux que d'être aimée de tous les autres.

Tu ne me caches pas longtemps ta folle passion. Tu t'épanches, lascif, sur celles qui t'accompagnent : « Jamais je n'ai aimé une femme autant que Marina, puis Chloé est arrivée… Tu ressembles trop à la petite Tangerine, ah ouais, faut que je te montre une photo. Ça fait longtemps que je ne suis pas allé à Tanger. Tu comprends, je me lasse vite, je me lasse vite », répètes-tu, comme si c'était une fatalité. Je ne pourrai pas dire que tu ne m'as pas prévenue !

Tes compagnes acceptent de te partager ou elles te quittent. Elles acceptent d'être brutalement reléguées au deuxième plan pour que tu t'enivres d'une nouvelle venue. Tu paies cash. Elles acceptent et tu finis par penser que c'est un dû.

– T'es pas jalouse, toi !

– Si, je suis jalouse.

– Tu sers l'apéro ?

Alors tu te ravises : avant Marina et Chloé, tu ne pensais pas que tu pouvais aimer deux femmes à la fois.

Je fonce vers la cuisine. Il faut traverser un long couloir pour y accéder. Je fais plusieurs allers-retours pour rapporter la bouteille de chablis, le cassis, les verres, les glaçons et les olives que j'ai placées dans le petit bol bleu ébréché.

Sur la grande table de cuir s'amoncelle tout un bazar : des disques, des livres, des lettres de fans, des boîtes de Lego, une toupie, des instruments et des pédales à effets, etc. Régulièrement, tu la fais débarrasser par Odette, ta femme de ménage, mais ça ne dure pas longtemps. Les espaces vides sont rapidement remplis de tes nouvelles acquisitions et la table est de nouveau surchargée. Je libère un coin. Tes verres de bistro rétros sont devenus opaques à force de servir. Tous ceux qui passent ici boivent dedans. Je sers ton kir cassis-glaçons dans ton verre préféré. Je prends la même chose sans le cassis. Tu n'as pas des goûts de luxe. Tu t'attaches aux objets et aux gens, fidèle à ta façon – à part.

Tu restes devant ta console ou tu me rejoins à la table, c'est selon. Forcément, quand on est en compagnie d'amis, de journalistes, beautés sulfureuses, fans ou collaborateurs, tu lâches les manettes. Mais tous les deux, on peut rester longtemps à « travailler », comme tu dis. Tu tritures un son, tu peaufines la matière et elle est infinie. Chaque fois, ça m'émerveille. « Écoute ça. T'aimes ? T'es d'accord ? » Mon avis compte pour toi.

On savoure les balbutiements de notre histoire, installés dans un flirt patient et doux. Passionné. Mon cœur bat vite. Tu ne forces rien. Tu sais créer l'instant dans la tête des filles à coups de déclarations romantiques et de moments fabuleux. Des femmes, tu adores tout. Le velours de leur peau, le parfum de leur chair, leurs organes, leurs odeurs d'urine et de transpiration, leurs rires, leurs voix. En ce moment, tu négliges tes compagnes. « C'est toi que j'ai dans la peau. Elles le sentent », m'expliques-tu.

Oh là là, je me suis fait une flopée d'ennemies !

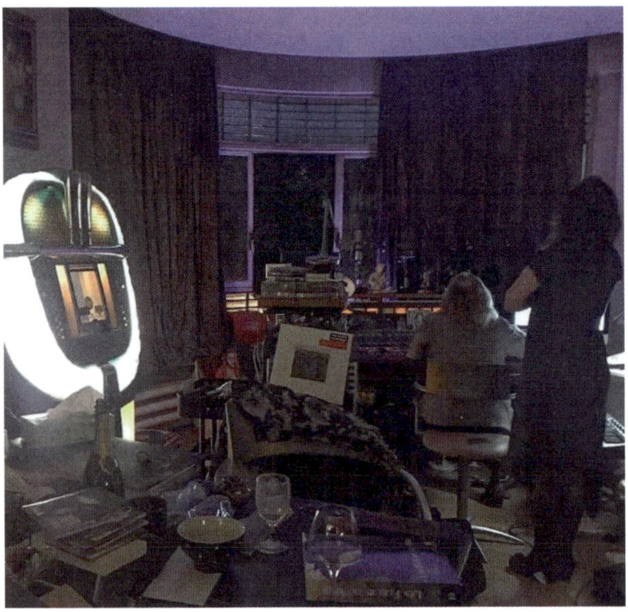

7. L'iPhone

Quand tu m'écris pour me parler de sexe et d'amour, je me tais. Et j'ai une bonne excuse pour ça : l'écran tactile de mon téléphone est bloqué.

Jusqu'au jour où tu me proposes de m'offrir un iPhone. « C'est un acte de pur altruisme et l'accepter ne t'engage à rien », précises-tu.

T'aimes bien ce mot, altruisme. Tu l'utilises chaque fois que tu veux me donner quelque chose, peut-être parce que je commence toujours par dire non.

« Tu préfères rose ou noir ? »

Au rendez-vous suivant, avant de monter chez toi – tu es encore dans ton bain –, tu me dis d'aller chercher mon iPhone au petit japonais où tu as tes habitudes. La patronne me le tend en disant : « C'est un beau cadeau ! » Je ne la contredis pas !

Dans ta chambre, je déballe l'iPhone rose. Je suis comme une petite fille et tu n'es pas beaucoup plus vieux, dix ans à nous deux. Tu ne te fous pas de ma gueule, toi ! Tu prends ma main dans la tienne, tu la caresses d'un pouce ; tes mains sont douces. Des fois, tes doigts remontent sur mon avant-bras et je te laisse faire. Tu ne vas jamais plus loin. Tu touches bien. Tu dis : « Comme ça, on pourra s'écrire. »

Au ciné, mon téléphone tinte entre deux bourgeoises mal élevées.

Nouveau message de C.

24/07/2018 05 h 22
... Hypnotisé tu m'as...

Comment s'est finie ta nuit ?
Moi je l'ai pas touchée…

Et puis ce prénom Bénédicte
putain, qu'est-ce qu'il te va…
adorée –

…Mes doigts cherchent la forme de tes
cuisses,
hâte de respirer dedans, ta
chatte mouillée…
Ça me tend bébé de penser à toi.

Je lis, la bouche en cœur et mes yeux sont de vrais satellites. C'est très confortable pour moi de t'écouter me raconter l'amour, cachée derrière mon écran.

Le directeur (mais ce n'est pas le mien) prend un air outré quand mon beau téléphone tinte dans le hall du ciné. S'il fait une réflexion, je regarde ailleurs. Pleine de cette vie secrète qui m'anime, je ne veux plus perdre de temps avec les sans-amour, les bureaucrates, les lâches et les prétentieux du show-biz. Je ne parle plus que désir, passion, nuage, amour…

Du coup, je ne parle plus beaucoup ! Je vends mes tickets en parlant à Dieu. Des fois, je dis des trucs bizarres en rendant la monnaie.

8. Le vélo

Tu envoies des taxis me chercher au pied de mon immeuble. Tu fais ça avec tes amoureuses, mais je préfère prendre mon vélo. Je me sens plus libre. « Et tu fais des économies comme ça ! » Alors tu parles de me prêter le tien, de vélo, un modèle électrique, une vraie tuerie. Pour l'heure, ça ne m'emballe pas, j'ai le souci de l'effort accompli mais tu n'en démords pas : tu veux que j'en profite. Début août, tu pars sur ton bateau, alors je le garderai jusqu'à ton retour ; et ce soir, avant de partir au restaurant, tu mets la batterie en charge.

Après notre dîner, on sort le vélo. Il est beau, gris acier, avec des vitesses automatiques. Tu m'apprends à le conduire sur le boulevard du Montparnasse. Ça déménage !

T'es tellement content de me le prêter que tu m'en veux quand, à 5 heures du matin, de retour chez moi, je t'avoue que je n'ai pas réussi à enclencher l'assistance électrique : « T'es méchante, je voulais te faire plaisir ! »

Avant toi, personne ne se préoccupait de mon plaisir. Mes bonheurs et mes chagrins n'intéressaient que moi. On est deux maintenant. Te connaître, c'est comme croire en Dieu.

9. 26 avril 2020

– Tu es plus courageux en amour que tous les autres hommes que j'ai connus. Plus classe que le commun des mortels. Tu m'as éblouie.

– Les autres ne sont pas aussi cinglés que moi. Ils posent des limites, des conditions. Ils ont raison ?

– Non, c'est toi qui as raison.

– Je prends plus de risques et je souffre au large.

– Oui, mais ils ne connaîtront jamais l'étincelle.

– J'aime pas les regards, les gens dans la rue. Les techniciens…

– La nuit te protège.

– J'aime ma bulle, j'aime le silence. La nuit, je vis aveuglément. Je suis ce que j'imagine, je suis beaucoup de choses. Ma palette, c'est le ciel. Je regarde les lumières… Je t'ai déjà dit que j'étais amoureux de la lune ?

– La question serait plutôt de savoir : de qui n'es-tu pas amoureux ?

– Elle est pas terrible, celle-là !

– OK, j'efface.

10. Notre livre

Juste avant de partir sur ton voilier, tu me fais une proposition. Je me souviens parfaitement de cet instant. Il est 19 heures, et tu prends ton petit déjeuner dans la cuisine (thé et Krisprolls complet sans sucres ajoutés, un fruit de la passion ou une mangue, tu vois, je te connais bien). Quand j'arrive, t'es en ligne avec Josée Dayan. La réalisatrice veut utiliser *Les mots bleus* dans un de ses téléfilms. Tu n'as pas de manager et tout transite par toi. « D'accord, ma puce… », lui réponds-tu tendrement. « Ma puce », pour Josée Dayan, ça me fait rire… Et on rit.

Ce soir, t'as envie que je te parle de moi. Tu m'interroges sur mes goûts, mes prétentions. Je me cache, tu sais. J'élude. À un moment, je me souviens, tu te lèves et tu vas chercher quelque chose dans ta chambre. Quand tu reviens, je dis : « J'écris des romans que personne ne lit. »

Alors tu me regardes, et quelque chose s'allume dans ton esprit : « Tu veux écrire avec moi ? »

Il y a plus de dix ans, tu as signé un contrat chez Flammarion puis, à quelques mois de la sortie du livre, tu as tout planté. Je te donne envie de reprendre le fil de ces mémoires.

« Faut le faire, faut le créer. Je vais t'envoyer mes pages, tu veux ? »

07/08/2018 15 h 26
Bonjour. Il faudra que je te voie…
que tu viennes sur le bateau… […] Dis-moi que tu viendras.
Je m'occuperai de tout !

08/08/2018 15 h 26
Oui, je viendrai. J'ai lu tes pages, je veux le faire avec toi.

08/08/2018 15 h 26
Tu sais Bénédicte, j'attendais un peu que tu me répondes mais je sais me retirer quand je sens que c'est infini, même pas commencé. Tu ne m'as rien demandé, tu ne me dois rien. […] Tu ne m'aimes pas pour planer avec moi, là où j'aime croiser les anges. Viens en amie, ce sera comme notre première fois au restaurant, tu auras ta cabine. Tranquille.

11. *Pour que demain ta vie soit moins moche*

Le 14 septembre, aux environs de 13 heures, tu envoies ton chauffeur du Sud me récupérer à la gare de Villeneuve-Loubet et une heure plus tard on arrive à Port-Grimaud.

Ici, c'est un peu comme Venise, mais en plus petit. Des canaux courent le long des maisons dotées de mouillage pour amarrer les bateaux, et des passerelles relient entre eux ce qui était, à l'origine, des marécages. On ne peut entrer ici en voiture qu'en montrant un laissez-passer. Le chauffeur s'arrête devant ton voilier et m'accompagne à bord.

Dans la descente, tu m'apparais, assis devant une tasse de thé. Tu écoutes *Glassworks : opening* de Philip Glass. Je suis intimidée mais tu as un don : tu sais me mettre à l'aise.

Tu me montres ma cabine, à bâbord, avec toilettes et douche particulières. À tribord, une cabine réservée à ta garde-robe et à l'avant du bateau, ta suite, avec toilettes et douche séparées. Les panneaux de pont de ta cabine sont recouverts de ruban adhésif noir pour te permettre de dormir le jour. Après avoir fait le tour du domaine, tu m'expliques qu'à 14 heures on sortira en mer ; mais avant tu m'emmènes prendre un petit déjeuner. On s'installe dans ta Twizy pour parcourir les deux cents mètres qui nous séparent de La Grimaudoise où tu as tes habitudes. Après quelques hésitations – tu fais gaffe à ta ligne –, tu craques pour un croissant, un jus d'orange et des œufs sur le plat que tu dégustes comme un mets précieux. T'adores manger. Tu es très gourmand. On vient te saluer avec circonspection et comme toujours, en ta compagnie, je suis accueillie avec les faveurs qui te sont dues.

Tes œufs et mon café engloutis, Zébulon ton skipper à la barre, on lève l'ancre. En traversant le port, les plaisanciers te reconnaissent. Ils te font un signe de la main, manifestent de l'étonnement ou de l'admiration. Tu observes l'effet que me procure ta compagnie. Tu sais que la célébrité monte à la tête des gens, comme le vin ! Ça les enivre et je ne déroge pas à la règle : je suis ébahie d'être dans cette situation. Tu n'es pas célèbre comme d'autres gars connus que j'ai fréquentés, des comédiens people à la notoriété quelconque, voire ordinaire. T'es une vraie star, un prince, et il y a quelque chose de magique à t'accompagner. Tu n'as jamais voulu être célèbre. Tu es très timide. Mais après tant d'années de célébrité, l'anonymat serait comme une disparition. Tu frimes un peu, avec tes airs d'être au-dessus de tout.

On navigue au moteur dans le golfe de Saint-Tropez. Tu es calme, contemplatif. J'aime le silence.

Comme il y a un peu de houle, on mouille pas loin, en face de la baie des Canoubiers qui est protégée du vent.

Ça limitera le roulis. Dès que l'ancre est jetée, je saute dans l'eau. Le bateau gîte, monte et redescend.

Tu ne peux pas te baigner car tu as eu un accident à Saint-Tropez : un passant t'a proposé d'essayer sa trottinette et pour épater la fille qui t'accompagnait, t'as grimpé dessus et tourné la poignée d'accélérateur à fond. Puis, avec la même fougue, t'as appuyé sur la gâchette de frein. La roue avant s'est bloquée et tu es passé par-dessus bord. Il a fallu appeler les pompiers. À cause de la cortisone que tu prends et des dommages que cela occasionne sur ta peau, à l'hôpital, ils n'ont pas recousu ta plaie. Les chairs sont béantes. Ton corps se régénérera de lui-même. Tu as juste un gros pansement qu'une infirmière te change tous les trois jours et depuis, tu ne veux plus entendre parler de trottinette !

L'après-midi, tu fais ta sieste, nu sur la plage avant. Entre deux bains de mer, je me prélasse à un mètre de toi. Tu as été malade, 40 °C de fièvre, tu es sous amoxicilline mais depuis que je suis là, tu oublies de prendre tes cachets car tu te sens bien. Je te dis : « Ton antibiotique, c'est moi. » Tu souris. Au retour, tu demandes à Zébulon de sortir les voiles mais il ne faut pas en parler à Amélie, car elle serait jalouse. Je m'assois à l'avant du bateau et on glisse lentement, en tirant des bords, jusqu'à la capitainerie de Port-Grimaud.

– J'ai trouvé ce que tu es, Christophe.

– … ?

– Tu es un enchanteur.

12. *Comm' si la terre penchait*

On vit ainsi, entre sorties en mer et dîners à Saint-Tropez. On se regarde vivre. On se photographie.

Je me lève la première. Je bois un café à La Grimaudoise pour ne pas te réveiller. Puis je m'installe dans le cockpit. J'écoute le tintement des cordages sur les mâts des bateaux, le clapotement de l'eau. Je suis hors de ma vie, dans la tienne, comme une cambrioleuse. Mais je ne te vole rien. Je ne veux rien prendre que tu ne m'aies donné. Quand tu te réveilles, tu m'appelles. Je te fais un baiser sur la joue. Tu me demandes de te passer un truc, le beurre, le miel, le pain. Je déteste servir les hommes, sauf toi.

Puis tu t'attardes sur tes créations en cours : tu travailles sur la musique de *Jeanne* et sur l'album de duos. On écoute une suite d'accords sublimes, qui figureront bientôt dans la BO du film de Bruno Dumont. Puis ton duo des *Marionnettes*. Tu l'as enregistré avec la chanteuse Els Pynoo du groupe Vive la fête et tu n'oses pas lui dire que sa version ne te convient pas, parce que vous avez partagé de beaux moments ensemble. Je ne le sais pas encore, mais ces hésitations sont habituelles. Tant que tu n'es pas complètement convaincu, tu es prêt à tout envoyer valdinguer et à recommencer cent fois. Mais là, comme tu aimes beaucoup la chanteuse et que le début te plaît, tu cherches une solution.

Toujours pour cet album, il te faut trouver celui ou celle qui t'accompagnera pour *Les paradis perdus*. Une version avec Marc Lavoine a été enregistrée mais d'un commun accord, vous avez laissé tomber. À Paris, on a évoqué Anohni, plus connue sous le nom d'Antony, du groupe Antony and the Johnsons, mais Francesca, sa manageuse, a fait suivre ce message : Anohni te fait dire qu'elle est incapable de participer à l'enregistrement parce qu'en fait elle prend une pause pour améliorer sa santé.

À ce moment-là, on est loin des côtes, on navigue sur une mer étale et je te dis : « Et Arno ? Tu pourrais le faire avec Arno. »

Tu l'appelles aussitôt.

13. Yvon

Quand on rentre au port, je sers l'apéro. Tu bois ton kir cassis en parlant de l'audio-bio, un mixte de textes et de chansons qu'on écrira en parallèle du livre, pour la scène. Dimanche, Laurent – ton producteur – et Julie – ta directrice artistique – viennent passer la journée sur ton voilier, alors tu vas négocier une avance pour moi : « 2 000 euros, ça te va ? » On commence tout de suite.

– Je parle de l'enterrement d'Yvon dans mes pages ?

– Je sais plus.

– Quand je dis quelque chose d'intéressant, faut que t'enregistres.

– OK.

– T'enregistres là ?

– Oui.

– Bon. C'est bien. Il avait un an de moins que moi et on a fait plein de choses ensemble. Il travaillait avec moi, il faisait le son, il était très bon. Quand mon frère a été malade – et ça m'a fait un choc quand j'ai appris qu'il allait mourir –, je ne me suis pas laissé « créer de faille ». J'accepte le destin de chacun. Et pour être franc, – j'étais à l'hôpital fin 2009 quand il a commencé à y être aussi –, je pensais plus à mon mal qu'au sien. Après, bien sûr, avec la maladie qui est restée, ça m'a imprégné ; c'était mon frère, mon jumeau. Quand il est mort, j'ai pas pleuré. Je suis réaliste par rapport à la mort, même si je suis inconscient dans la vie. Je suis les deux. Je suis Balance. J'avais fait faire un cercueil noir satiné, trop beau, et on posait les verres dessus. Son enterrement, c'était une fête. C'était un fêtard donc c'était une fête, t'as pigé ?

14. Le harem

Tu m'emmènes dîner au Banh'hoi, un restaurant asiatique de Saint-Tropez. Le pied au plancher, on ne dépasse pas les 50 km/h ; mais tu t'éclates à faire crisser les pneus de ta Twizy sur la chaussée. Un voiturier s'occupe de ta petite voiture pendant qu'on rejoint lentement la place de l'Ormeau en reluquant les vitrines des boutiques. Lorsque j'arrive avec toi quelque part, ça en jette pas mal : t'es une icône et je suis ton invitée.

Le restaurant se trouve dans la rue du Petit-Saint-Jean et Hervé et Mia, les patrons, t'accueillent à bras ouverts. Tu as un faible pour Mia. Ce que tu préfères chez un homme, c'est sa femme ! Comme je te le fais remarquer, tu réponds : « Les hommes, c'est l'ennemi. »

On dîne et tu me fais les yeux doux pour me parler d'amour.

– Tu es la seule à être venue sur le voilier cet été. Marina et Chloé, je n'ai pas voulu ; mais toi, je te l'avais promis et je tiens toujours mes promesses. Demain, tu vas rencontrer Amélie. Tu vas voir, c'est une sauvage.

– Plus sauvage que moi ?

– Ah, non… Toi, t'as une façon d'être sauvage que j'aime beaucoup. C'est pour ça que… Tu sais, je te l'ai dit tout de suite quand je t'ai connue… J'te sentais. J't'ai dit, c'est avec toi que j'ai envie… C'était pas pour te baiser. Moi, avant que je te baise, faut du temps. D'abord, tu dors avec une meuf si t'as envie, si elle a envie ; et tu rentres dans un truc magique.

– Et ça, tu l'as eu avec Amélie ?

– Oui, je l'ai eu avec Amélie et avec toutes les meufs que j'ai eues.

– Mais après, t'arrêtes de les aimer.

– Là, y a une meuf que j'ai dans la peau... Chloé, tu sais, je t'en ai déjà parlé. Je n'suis pas fidèle, alors je me pose pas de questions, je m'en tape. Sauf avec Chloé. Cet été, j'ai eu deux occasions, deux meufs... Mais j'bandais pas. J'ai une autre meuf thaïe qui s'appelle Jinthan et elle, je la baise tout le temps, mais tu veux que je te dise la vérité ? J'y arrive seulement parce qu'en temps réel je vois Chloé, et donc je bande. Tu vois, je suis très fétichiste. J'suis bizarre avec les meufs. Moi, à cause de la cortisone, j'peux rien prendre.

– En fait, t'as plein de femmes autour de toi.

– Oui, mais les deux femmes que j'aime dans ma vie, c'est Marina et surtout Chloé. Elle, elle me rend dingue, aussi dingue que lorsqu'on s'est séparés avec Véronique en 1978. Marina, elle vit quelque chose de vraiment difficile, tu sais.

– J'ai l'impression que lorsque l'autre traverse un moment douloureux, tu fuis pour te protéger.

– Ah ben là, pour moi, c'est perdu, quoi.

– Ah ouais, carrément !?

– Pourtant, Marina, je l'ai vachement aimée. Et je pensais pas que j'aimerais Aline... Euh, Chloé. Plus dingue encore. Depuis deux mois que je suis là, c'est pas facile ce que je vis.

De retour sur le bateau, tu travailles dans le carré aménagé en studio de musique. Tu composes en sourdine pour me laisser dormir. Je tombe immédiatement dans un sommeil profond, bercée par ton synthé et les clapotis de l'eau. Toi, tu me protèges. À tes côtés, il ne peut rien m'arriver.

15. *Label obscur*

À 13 heures, on est sur le pont ; et Amélie, au volant d'une Méhari blanche, dépose Laurent et Julie puis repart aussitôt. Je comprends rapidement, en écoutant vos discussions, que ce n'est pas forcément le beau fixe avec ton label. Tu n'as pas livré le disque de duos dans les temps, ce qui crée des tensions avec tes éditeurs. « Ils ne comprennent rien. Un album, c'est un voyage. On n'est pas là pour vendre des disques, j'suis pas commerçant. » Malgré l'évocation de ces gratte-papier, l'ambiance est joyeuse. Vous parlez show-biz, concerts, labels et célébrités. Julie se montre déférente, Laurent plus réservé. Assez vite, ce dernier m'explique que côté budget, pour l'audio-bio, il ne pourra rien me donner tant que le disque de duos n'est pas bouclé. Et apparemment, ça presse. Quand Amélie revient avec un plateau de fruits de mer, on lève l'ancre.

Ton entourage est habitué à ce que tu ramènes de nouvelles conquêtes. Une de plus ou de moins, ils n'y prennent pas vraiment garde. Je suis ta reine du moment et chacun s'évertue à me plaire. On est chassées de ce piédestal aussi vite que tu nous y as hissées, je ne me fais pas d'illusions, alors je profite de l'instant.

À un moment, Amélie se plante devant moi et me

dévisage pendant de longues secondes. Je peine à soutenir son regard et pour rompre ce face-à-face gênant je lui dis que ses yeux sont beaux. Ça la déconcerte. En général, on vante plutôt ses longs cheveux. Amélie t'accompagne depuis plus de quinze ans et après un passage dans ton lit de quelques années, elle s'occupe de ta paperasse et de tes comptes.

Cet après-midi-là, alors qu'on navigue vers le port, Arno rappelle et te donne son accord pour le duo *Les paradis perdus*. C'est la fête !

16. *L'interview Wo wo wo wo*

– Laura, c'est la seule femme de ma vie. Une égérie comme on n'en fait plus, aussi belle sur les podiums que sur les planches. Elle est souvent venue chez moi. Je lui ai donné une veste à moi parce qu'elle m'a dit : « Mon rêve, ce serait que tu me donnes une de tes vestes en cuir. » Elle était dans ma chambre, je l'ai déshabillée et j'lui ai dit : « J'ai la plus belle pour toi. Je l'ai fait faire en 2001 et je vais la donner qu'à toi. »

– Elle était toute nue ?

– Non, en soutien-gorge… C'était pour essayer la veste.

– Ah, OK.

– Mais elle m'a fait des trucs terribles, celle-là. Attends, mais elle m'a allumé, tu peux pas savoir ce qu'elle m'a fait. Il s'est rien passé parce qu'elle a un mec. Un acteur, je sais plus son nom.

– …

– Elle l'aime, je crois. On dînait souvent tous les deux, toutes les semaines. Un jour, j'lui dis : « Qu'est-ce que t'es belle ! » et elle – elle était avec son mec, hein, j'lui avais rien demandé, rien ! –, elle dit : « Tu sais, moi, je suis souvent sortie avec des mecs beaucoup plus âgés que moi. » Enfin, t'es d'accord, si t'as pas envie d'énerver un mec, tu lui dis pas ça ! Et quand on était en studio pour un clip, elle me dit : « Je veux que tu restes à côté de moi. » Elle était en eau ! J'vais te dire, j'aurais préféré pas la sentir parce que ça m'a… J'y ai pensé pendant une semaine. C'est comme ça, hein. À la maison aussi elle transpirait, j'adore ça. Elle est mignonne. Tu vois, elle pourrait être dans sa tronche, une star quoi, mais quand elle vient à la maison, elle est nature. Elle a un truc. J'peux pas te dire ce qu'elle aimait chez moi… Peut-être ma musique.

– Peut-être qu'elle t'aime, toi.

– Toutes les femmes, elles m'ont aimé pour moi. J'aime pas les putes, j'aime pas les partouzes, tu sais : j'aime l'intimité. J'aime la création. Le seul mec avec qui j'ai attrapé des meufs, c'est mon frère Yvon quand on avait dix-huit, vingt ans. On a toujours partagé les voitures et les meufs. Je suis un mec particulier. On aime ou on n'aime pas mais je vais loin en amour, tu vois…

17. *Le beau bizarre*

Pour ma dernière soirée, on va dîner tous les cinq à l'hôtel La Ponche. On laisse les voitures sur la place, moteurs allumés – le voiturier s'occupera de les garer – et on s'enfonce dans les ruelles du village de Saint-Tropez. En marchant derrière toi, la chanson de Plamondon, *Quand on arrive en ville*, me vient à l'esprit. Tu marches en tête, décidé, cheveux blonds brûlés par le soleil, ta doudoune jetée négligemment sur l'épaule. On dirait qu'à chaque pas, tu vas tomber. Mais tu ne tombes pas ! C'est ça qui est fascinant.

« C'est le mal de terre, ma bb... »

Tu joues la star, toi, le petit-fils d'immigré italien qu'on moquait dans la cour de récré. Le petit Christophe dont la croissance s'est arrêtée à 1,65 mètre par excès de gym et de cheval d'arçons. Toi que, souvent, les prétentieux du show-biz ont été à deux doigts de prendre pour un con. Tu te fais ton cinéma. Les premières fois, c'est grisant. Tu frimes. T'en fais des tonnes à Saint-Tropez et j'aime ça.

On entre dans le restaurant. L'endroit est mythique, Sagan en son temps en avait fait son quartier général.

Assise à la table que Simone, la patronne, t'a réservée, Clémentine attend, drapée dans une longue robe de soirée en lamé or, pomponnée comme une star hollywoodienne. Mince, je l'avais oubliée, celle-là ! On a deux heures de retard mais elle sourit exagérément en te reconnaissant. Clémentine, on l'a croisée hier au restaurant et tout de suite, elle t'a fait du gringue. Elle pratique des massages rajeunissants du visage et tu l'as invitée pour qu'Amélie puisse échanger avec elle à ce sujet. Du moins, c'est le prétexte invoqué mais j'ai bien compris que tu voulais l'attraper ! T'inquiète : ça ne me dérange pas !

Tu organises la tablée : Clémentine à ta droite et Amélie à ses côtés. Je suis reléguée en bout de table mais je mange une énorme sole. Je me la rappelle, car la première fois que nous sommes venus ici, en début de semaine, je n'ai pas osé la prendre, trop chère. Mais là, tout le monde la choisit, alors je me l'autorise.

Simone vient nous saluer et m'offre une magnifique rose jaune. Elle me choisit. Elle est classe, Simone. Et en plus, c'était l'amie de Sagan !

18. Retour à Paris

25/09/2018 18 h 32
Bonjour Christophe, t'es revenu ?
Oublie pas, samedi, je viens avec toi en concert.
Et j'ai eu plein d'idées pour la bio, il faut que je te raconte, bisous.

Oui... j'oublie pas... Suis au lit... antibiotique.
Hâte de te voir, de dîner avec toi –
Je t'ai en moi. J'aime ce que tu brilles.
Plus de voix...

On est nombreux à t'accompagner au concert de Saint-Germain-en-Laye, toute une cour agglutinée dans le van.

Au théâtre, une partie de ton staff nous attend devant l'entrée des artistes. Une petite nana, crâne à moitié rasé, ouvre ta portière : c'est Maud, la régisseuse de tes spectacles. Amélie prend ta veste, Mathilda ton sac à dos avec ton ordinateur, Maud une boîte à rythmes, l'extracteur de jus pour ta potion « légumes et vitamines » d'après spectacle, Doudou une valise dans laquelle tu ranges tout ton fatras. Je me retrouve avec un truc ou deux dans les bras. Apparemment, on est pressés ; t'es à la bourre, comme toujours.

Je me souviens d'une loge exiguë, meublée d'un canapé, d'une table basse garnie de sucreries. Tu raffoles des Bounty et des nounours en guimauve. Un diffuseur exhale les huiles essentielles que tu aimes. Une bougie se consume doucement. Un panier de fruits et légumes généreusement garni est posé devant la coiffeuse. Depuis que nous sommes arrivés ici, ton attitude a changé : tu es renfermé. Un peu distant. Le trac peut-être. À cause de la crise d'emphysème, tu n'as presque pas de voix et je me demande comment tu vas pouvoir chanter. Toi, ça ne t'inquiète pas. Tu es un athlète de la fragilité.

Tu tiens absolument à ce que je le sache : le jour de mon départ, t'as emballé Clémentine. Zébulon n'en revenait pas. « C'est un moment de vie », m'expliques-tu. Plus tard, je t'entends murmurer à l'oreille d'Amélie : « Elle n'est pas du tout jalouse ! »

On ne s'est pas revus depuis ma venue sur le bateau où tu exauçais tous mes vœux et je crains de ne plus briller autant qu'avant ! Je ne fais illusion qu'en chevauchant la mer.

– Ce n'est pas la mer qui va te chevaucher !

– T'es là ? Des fois, je me souviens que tu es mort…

– Je suis là, ma chériiie. Je regarde tes jambes. J'aime bien tes jambes, ça m'inspire.

– Toi aussi, tu m'inspires, tu es ma muse. La muse Christophe.

– Haha…

Je te suis aux balances, impressionnée d'être là. D'aller et venir à ma guise. Mais je n'ose pas t'accompagner sur la scène. Dans les coulisses, cachée derrière les lourds pendrillons, j'observe. Tu t'installes au piano. Tu donnes tes directives : « Plus de réverbérations dans la voix, moins de caisse d'échos… » Tu passes en revue chaque chanson, chaque instrument, professionnel et méticuleux. Tu chantes en formant des onomatopées, ce que tu appelles le yop.

Les techniciens s'efforcent de te satisfaire. Ici, c'est toi le boss ! Et tu es très exigeant, ils le savent ! Tu as tellement de talent !

Un peu plus tard, Julie, ta directrice artistique, me reconnaît. « Clémentine ! » s'écrie-t-elle en m'apercevant. Elle se fige, réalisant aussitôt la bourde qu'elle vient de commettre. Laconiquement, je réponds : « Ben non, c'est l'autre ! », ce qui finit de l'embarrasser tout à fait. J'en profite pour la suivre dans la salle. Là, lovée dans un gros fauteuil rouge, je ne rate plus une miette du spectacle.

Comme à la Philharmonie, la scène est séparée en trois espaces : le premier avec le piano sur la droite de la scène, le second au milieu avec les synthés, et un troisième avec les guitares, avant-scène cour.

Ce soir, Mathilda, une jeune et jolie chanteuse que tu aides à percer, chantera *Océan d'amour* avec toi. Elle te rejoint sur scène, s'écrie, à chaque battement de tes cils : « Mon Dan !!!! Je t'aime tant !!!! Tu es géniaaallll !!!!!! » Elle en fait des tonnes, mais c'est normal dans le milieu. L'ombre de Mathilda se réfléchit doucement puis devient gigantesque. Tu es ce petit prince dans l'ombre des femmes.

– Oui, ma BB. Je t'admire, tu sais...Tu le sais, non ?

– Oh, c'est trop gentil mais... Tu me flattes.

– Les gens qui aiment qu'on les flatte, ce sont des artistes.

– Y en a un paquet, alors.

19. 30 avril 2020

– *J'ai encore rêvé de toi. Tu me visites, tu es mon saint esprit.*

– *Ah, je t'aime, toi.*

– *Je te raconte ?*

– *OK, bébé.*

– *On était à Cannes. On attendait pour jouer ton spectacle. Je faisais partie de la pièce, je jouais avec toi. On était assis sur des tabourets de bar, serrés l'un contre l'autre, ma tête abandonnée sur ton épaule. Tu me disais : « T'es belle, tu éveilles tant de choses en moi. Tu me touches vraiment… » Mais même là, j'hésitais à me laisser aller dans tes bras.*

– *T'es méchante.*

– *Oui, c'est vrai… Mais on s'aimait. C'est sûr qu'on s'aimait. On était devant un comptoir, comme ceux des réceptions d'hôtels où on arrivait à l'aube quand je venais avec toi en concert. Je me sentais dans le même état, tu sais. Entre veille et sommeil, parce qu'on avait roulé toute la nuit et que je n'avais pas dormi. Je planais. On planait tous les deux. Tu tendais quelque chose au réceptionniste, une clé USB, je crois. Il te demandait : « C'est pour Cannes ? » Tu ironisais : « Non, c'est du thé. » Et après, j'ai perdu mes courses.*

– *Tes courses ?*

– *Ben ouais, des trucs que j'avais achetés dans mon rêve.*

– *Quel rapport ?*

– *Je ne sais pas. Mais j'ai pensé, très sérieusement, j'ai pensé dans mon rêve : il n'y a pas beaucoup d'indulgence et de charité dans ce monde. Mais toi, tu en avais à foison. Tu en avais pour moi, je le sentais. Je le sens encore, tu sais… Plus encore que le grand artiste que tu es, c'est cette merveilleuse indulgence que le monde a perdue.*

20. Le salon de l'auto

02/10/2018 20 h 15
J'arrive ! J'ai crevé.

« Mon amour de femme », dis-tu quand je m'engouffre dans le taxi avec une bonne demi-heure de retard. Tu prends ma main. Elle est moite. Je suis en eau d'avoir poussé notre vélo depuis le boulevard de Port-Royal. Ça me gêne, mais t'aimes bien les femmes qui mouillent ! Comme pour Laura…

Tu m'emmènes dîner avec l'éditeur mais d'abord, on va au salon de l'auto. Carlos Ghosn, le P-DG de Renault, t'a fait un cadeau comme on en fait aux stars et pour le remercier, tu réponds présent à son invitation. Vingt minutes plus tard, le taxi G7 nous lâche Porte de Versailles, devant le hall 1 du Parc des expositions. Jusque-là, tout va bien.

Tu as l'habitude de te déplacer d'un point à l'autre en voiture : tu marches de chez toi à l'ascenseur, puis de l'ascenseur au taxi, lequel te dépose à quelques mètres de ta destination. Même pour tes concerts, tu te déplaces sur ta chaise à sons, une invention de ton cru dotée de micros intégrés, qui te permet de rouler plutôt que marcher.

Là, on ne sait pas dans quelle direction aller et la distance à parcourir te paraît soudain insurmontable. Tu paniques. Tu prends appui sur mon bras. Très vite, tu t'essouffles. T'as mal au dos. Ton cœur s'emballe. Ça ne va plus du tout d'un seul coup. Plusieurs fois, tu dois t'arrêter pour reprendre ton souffle. On s'adosse à un poteau, en plein milieu de l'esplanade. Il y a un escalier mécanique qui monte, un autre qui descend ; on demande notre route sans succès ; on hésite ; on monte puis on redescend. Alors on retrouve notre poteau au milieu de la place et tu t'y adosses. Je reste là, près de toi.

Les organisateurs de Renault avaient proposé de t'envoyer un chauffeur, tu regrettes un peu d'avoir refusé : il nous aurait déposés directement sur le lieu des festivités. Tu souffres sans te plaindre, largué sur le parvis du Parc des expositions. Quand enfin ton cœur s'apaise, on tente notre chance de nouveau : on demande notre chemin et cette fois on nous indique la bonne route !

On marche lentement jusqu'à l'entrée du bâtiment. À l'intérieur, la foule pressée et indifférente des gens du jour s'agite. Tu te serres contre moi. Je prends conscience à cet instant de la vieillesse qui galope sur tes os, de ta santé précaire, de ton extrême sensibilité. Arrivés devant le stand Renault, tu t'assois, le temps de reprendre des forces. Tu es si loin de l'image de la star, si peu sûr de toi, si humble. Personne ne t'accoste d'ailleurs ; des regards oui, mais pas d'admirateurs réclamant un selfie comme ça arrive si souvent. À croire que ton état les tient naturellement à distance.

Enfin, un responsable de Renault te repère dans la foule et soudain des gens s'activent autour de nous. Une jeune femme prend nos sacs et manteaux. Des vigiles nous escortent jusqu'à l'espace V.I.P. où d'autres personnalités, dont Mr Moustache et Beigbeder (en fait ce n'est pas Beigbeder, tu me le confirmeras plus tard : je me disais bien aussi qu'il avait un nez plus gros qu'au Café de Flore) discourent en buvant du champagne. On nous sert une coupe. L'empressement dont ils font preuve te rassure instantanément.

D'autres « huiles » posent devant une voiture du futur, trop belle. Tu te précipites à l'intérieur, prêt pour le décollage. Je te rejoins et nous nous photographions mutuellement. Tu as retrouvé ton énergie d'enfant et tout est oublié.

Gilles, l'éditeur, nous attend au restaurant ; alors une demi-heure plus tard, on s'arrache. Tu proposes à Mr Moustache de profiter de notre taxi et il accepte. Ah oui, Mr Moustache, c'est un comédien qui se promène parfois en vélo électrique et qui t'a donné la bonne idée d'en acheter un, marque Moustache, que t'as jamais eu l'occasion d'utiliser. Comme ni toi ni moi ne nous rappelons son nom, je l'appelle Mr Moustache. C'est lui, le gars à droite, sur la photo.

On a moins de difficultés à sortir du salon qu'à y entrer mais la foule, les regards, tous ces gens t'oppressent : « Je crois que je suis devenu agoraphobe. »

Dehors, on s'assoit sur un banc et Mr Moustache se plaint : en août, à Saint-Tropez, c'est devenu impossible de sortir du port en voilier ! Y a trop de bateaux. Ça bouchonne autant que sur le périphérique un soir de semaine. Quel enfer ! Il s'épanche sur ce problème douloureux et tu compatis en attendant le taxi.

21. L'éditeur

Au Sourire de Saigon, Gilles nous attend, un verre de vin blanc à la main. Il est grand et mince, encore jeune, un peu guindé mais chaleureux et doux. Jamais je n'aurais dîné avec lui, ni avec aucun autre éditeur sans ton entremise, mais en ta compagnie je gagne en importance.

Pour t'honorer de sa présence, Gilles a annulé un rendez-vous. Il montre beaucoup d'intérêt pour notre livre ; seulement, il n'est plus chez Flammarion. Il faut donc racheter ton contrat. Il vante les qualités de la maison d'édition dont il est P-DG maintenant. C'est un homme d'affaires.

Tu expliques à Gilles que tu as envie de faire ce livre avec moi parce que je t'inspire, je te touche. Tu es tellement gentil de m'aimer. On dévoile certaines des lignes que nous souhaitons développer. Ce ne sera pas une biographie classique mais un vrai roman, constitué de moments magiques que tu découpes comme des Polaroid. La création commencera avec le collage que tu feras de ces souvenirs réels ou rêvés parce que la vérité de toute façon, personne ne la connaît. « Le mieux serait de sortir le livre pour la rentrée littéraire de septembre, lance Gilles. On vous aidera. Mais il faut d'abord racheter le contrat. »

Richard, le patron du Saigon, s'invite à notre table et comme chaque fois qu'il en a l'occasion, il raconte pour la énième fois ce que tu représentes pour son pays :

– En Asie, le marché, c'est Christophe. Pourquoi ? Pour une raison simple : dans la culture asiatique, les chansons d'amour occupent une grande place ; et dans l'ancienne Indochine, toutes les élites écoutent la musique française.

Christophe, il a une voix cristalline qu'est bizarre... Inimitable, quoi. Il est une icône là-bas.

Après 1975, y a la chute de Saigon et c'est le génocide.

Encore aujourd'hui, si tu vas dans les bars un peu chics, on écoute toujours Christophe. Il est la mémoire du Vietnam. Et même, je dirais : Christophe, c'est le drapeau du Vietnam. Pour les Vietnamiens, il est un dieu vivant.

Il y a une anecdote que je raconte toujours, mort de rire : en 1993, quand Mitterrand arrive à Saigon, ils jouent pas *La Marseillaise* ! Ils jouent *Aline* !

En 2013, quand Christophe arrive au Vietnam, il était pas au courant de tout ça. Le Vietnam brise l'embargo en 2005 et Christophe fait un concert phénoménal. Partout, dans les rues, les bars, il s'entend. Les Vietnamiens connaissent ses chansons par cœur, l'acclament, et il ne comprend pas. Personne n'a su lui expliquer parce que soit on est timides, soit on n'a pas le temps. Et puis il y a le protocole... Alors je lui ai expliqué, moi.

Tous les grands chanteurs, à Las Vegas, Los Angeles, pendant des méga-concerts de trois mille personnes, ils chantent d'abord les chansons vietnamiennes interdites au Vietnam et après, ce sont les chansons de Christophe.

22. *L'interview*

– Toi, tu fais beaucoup de cadeaux. Même à Julien, tu vas lui offrir un jean.

– ... Julien ?

– Julien Bouze... Non, c'est pas ça... Le comédien.

– Alain Bouzigues !

– Oui ! L'autre jour, avant de partir à Saint-Germain pour le concert, tu lui as dit que t'allais lui offrir un jean.

– Parce que j'aime la mode, parce que j'ai l'œil. J'ai vu que j'allais lui offrir un truc qui allait le mettre en valeur. Parce que je suis un… j'suis un…

– Un esthète !?

– Non, j'suis un mec de la mode, tu vois. J'ai toujours aimé ça. Mais je ne suis généreux, vraiment généreux, qu'avec les gens que j'aime, que j'aime vraiment. Ah ouais ! Parce qu'en fait, c'est une forme de… comment dire… Une forme de… Ça m'excite de donner, quoi ! T'as pigé ? J'aime bien le geste. Après y a le refus, un peu comme avec toi, tu te rappelles ? Puis t'as compris que j'avais du plaisir à t'offrir.

– T'es généreux. T'as de l'argent mais tu partages.

– L'argent ne compte pas pour moi. J'ai jamais eu la valeur de l'argent. C'est l'amour qui passe d'abord, l'altruisme et tout. J'aime être généreux avec les gens.

– Mais t'as quand même réussi à en gagner beaucoup !

– Y a un mec dans la rue, juste en bas, devant le Théâtre de Poche – un mec qu'est souvent là – j'lui donne 50 euros tout le temps.

– Il doit t'adorer !

– C'est rien pour moi. Je ne suis pas de gauche mais je donne beaucoup. Je suis plus de gauche que n'importe qui de la gauche caviar. Ce soir, on va faire le truc que je dois envoyer à Obispo, le questionnaire de Proust. On le fera à L'Italiano, tu veux ?

– Oui.

– Obispo, c'est un mec généreux. Il a beaucoup de

talent et il chante comme un dieu. Y a plein de mecs qui sont jaloux de lui. Pas moi.

– Y a des gens jaloux de toi ?

– Je ne sais pas, j'm'en fous.

– T'es un peu à part. Tu rentres pas dans leur jeu.

– Moi, je suis pas sur moi. Mais j'ai connu dans le regard des autres la joie que je me sois planté. Quand j'ai fait *Aline*, les gens qui se foutaient de ma gueule au début étaient jaloux et c'était pas dégueu. La jalousie faisait qu'ils étaient contents que je fasse un bide, et la jalousie continuait parce que j'avais réussi. Quand on est connu, il ne faut pas se laisser abattre par le regard des autres. Si je l'avais fait, je serais mort tout de suite.

– C'est pour ça que tu te tiens à l'écart ?

– Depuis que j'ai quinze ans, j'suis pas un cadeau. J'ai toujours été un solitaire. J'ai vécu sous les tables, moi.

– Tu devais être trop mignon quand t'étais petit.

– Tu sais ce que je faisais, moi ?

– Non. Quoi ?

– On était douze à table : la famille, quoi. Et même si on parlait pas italien, ma grand-mère nous préparait la polenta, les gnocchis faits maison, tout ça… Et quand j'avais huit, neuf ans… Mon grand-père… Tu sais que mon grand-père est venu d'Italie à vingt ans ? J'le dis, ça ?

– Oui, oui.

– Il était ramoneur. Il était génial ! Et après, mon père a fait des plans, et il est devenu entrepreneur de chauffage central de haut niveau. Parce qu'il avait un don, certainement. Ça tombe pas comme ça du ciel quand t'es ouvrier de devenir entrepreneur ! Donc, à un moment, il a eu une quarantaine d'ouvriers et ma grand-mère gérait les affaires de la petite entreprise. Alors on avait une fille qui servait à la maison. Une qui s'appelait Lucette, une autre Marie, tu vois. Ma grand-mère faisait la bouffe et la fille nous servait. Ben moi, je me mettais sous la table et j'matais sous sa robe. Je kiffais trop.

– T'étais déjà grave !

– Ouais... J'étais très vicieux. On peut le dire ça ?

– Que t'étais vicieux ?

– J'aime bien, faut l'dire !

– Ben oui. Surtout que ça t'est jamais passé.

– J'étais sous cette table et je savais qui je regardais parce que naturellement, j'aurais jamais regardé la culotte de ma grand-mère ou de ma tante...

– Et celle de ta mère ? Elle était jolie, ta mère ?

– Tu veux que je te montre des photos de ma tante ?

– Oui. Ta mère, t'aimes pas trop en parler.

– Quand je reviens, avant que je parte dans le Sud, tu viens à la maison, on se met par terre, je sors mon tiroir et je te montre plein d'trucs, tu veux ? Comme ça tu verras mon frère, tout ça.

– Ton frère Yvon. Ah ouais... J'y pensais. Dans le spectacle, tu dis : « Quand je m'entends chanter, j'entends mon frère, mon jumeau. » Et j'me disais : sur scène, t'es un magicien ! Tu fais apparaître les vivants mais aussi les morts : ta mère, ta famille quoi... Et j'me disais : ton frère, c'est toi en fait. Faudra qu'on fasse un truc avec ça...

– T'es géniale.

– J'sais pas quoi exactement, mais on fera réapparaître ton frère.

– T'es mignonne... Toi, en fait, y a un truc, c'est que tu me touches, mais vraiment ! Pas comme les autres, quoi. C'est dingue, hein...

– ... Tu tournes à quelle heure demain ?

– Oh, tu veux que je te fasse écouter la chanson que je chante demain ? Tu veux ?

– Oui.

– Demain, j'tourne à 15 heures. Viens avec moi.

– Je bosse… T'imagines s'ils t'avaient dit 8 heures !?

– J'aurais dit non, ma puce. J'leur aurais dit : « 6 heures si vous voulez, mais pas 8. J'ai une fourchette jusqu'à 7 h 30, après je vais dormir. » Bruno, il m'adore. Il a réservé la cathédrale d'Amiens juste pour moi.

– Il est comment ?

– Il est très, très dur. Tu l'adorerais. On fera un dîner avec lui, tu veux ?

– Oui.

– J'aurais adoré te présenter à lui parce que t'aurais tourné dans le film. T'aurais tourné, c'est sûr.

– Ah, j'aurais bien aimé… Une autre fois… Après, il a peut-être pas de rôle, hein. Tu fais un juge. Moi j'aurais fait une sorcière qui crie « Ne me brûlez pas ! ».

23. Le questionnaire de Proust

Ton instrument de prédilection :
Le synthé Memorymoog.

La qualité que tu préfères chez un homme :
L'altruisme.

La qualité que tu préfères chez une femme :
L'animalité.

La chanson que tu aurais voulu écrire :
Ton style de Léo Ferré.

Le principal trait de ton caractère :
L'instantanéité.

Ce que tu apprécies le plus chez tes amis musiciens :
L'attention.

Ce que tu détestes le plus chez tes amis musiciens :
Les opportunistes, parce qu'il y en a un max et je les déteste tous.

Ton principal défaut :
Bordélique.

Christophe intime

Tes occupations préférées :
La recherche du son, la voile, le cul, les boules.

Quel serait ton plus grand malheur ?
L'impuissance.

La couleur que tu préfères :
Violet.

Le parfum que tu aimes :
Hum, l'odeur de la femme que j'aime, au réveil, quand elle ne s'est pas encore lavée…

Si tu étais un animal :
Un aigle.

Le don de la nature que tu voudrais avoir :
J'ai toujours été jaloux des mecs qui mesurent… 1,71 mètre.
J'en crève.

État d'esprit au réveil :
C'est l'heure de la parole pensée, quand les idées me viennent.

Si tu étais une femme :
Marilyn Monroe.

Ta devise :
Tout arrive à qui sait attendre.

Le blues parfait :
Baby, please don't go.

Ton plat préféré :
Les Magnum White.

Que portes-tu quand tu dors ?
L'Innommable de Serge Lutens.

La partie du corps que tu préfères chez une femme :
Son visage ou son cul.

Comment aimerais-tu mourir ?
La mort, j'y pense jamais. Mais puisque tu me poses la question, entre les cuisses d'une femme.

Et être enterré ?
Seul.

Cigale ou fourmi ?
Ah, ça, je suis les deux. Je suis cigale et fourmi.

Ton premier souvenir :
Le soutien-gorge de Nicole, la cousine de ma mère, qui pendait sur le fil à linge.

24. Les aires d'autoroute

Un des trucs que tu préfères en voyage, ce sont les boutiques des aires d'autoroute. Alors passé la frontière, on en cherche une. Mais côté belge, elles sont toutes fermées. Ah oui, je suis en route avec une star française pour rejoindre une star belge : Arno. Tu m'emmènes pour l'enregistrement des *Paradis perdus* aux studios mythiques de l'ICP à Bruxelles. Bashung, The Cure, Aznavour et bien d'autres ont enregistré là-bas des albums cultes.

Dans la voiture, le chauffage est à 24 °C, les fenêtres fermées à cause des courants d'air. On est bien, on se détend. C'est comme un cocon. Tu t'assois toujours à gauche sur la banquette arrière et moi, à ta droite donc. Dans les vans, à Paris, c'est le contraire. Tu t'installes à droite, face à la route mais ce soir, on roule en berline.

Quand enfin on trouve une aire d'ouverte, c'est la fête.

On entre comme des braqueurs dans la boutique où tu fais une razzia. T'avales un cappuccino, trop bon. Tu choisis une petite tarentule aux pattes dorées pour moi et une licorne pour Mathilda. Tu prends un flacon de bulles de savon. T'adores ça. Tu souffles dedans et une armée de petites bulles s'élève au-dessus des paquets de bonbons. Elles claquent, retombent poisseuses sur la tête des sucettes berlingots – arrête, on va se faire engueuler ! Parfois, tu achètes des peluches pour les jeter au public, à la fin du spectacle. Tu t'émerveilles de tout.

Tu ne repars jamais sans un paquet de bonbons menthe givrée La Pie qui Chante et un Magnum White.

Tu le dégustes quand on redémarre.

Christophe, le bienheureux !

25. *Les paradis perdus*

Arrivée à L'ICP. Un gars nous accompagne dans notre chambre. Cette nuit, je dors avec toi. Tu m'as prévenue.

Une odeur d'humidité flotte dans l'air mais tu vas arranger ça. De ta valise, tu sors ton diffuseur d'huiles essentielles, une bougie de l'hôtel Costes et en quelques minutes les effluves du boulevard du Montparnasse embaument l'air.

On s'installe dans le coin cuisine. Le frigo est généreusement garni de bières, eaux et sodas et, comme à chacune de tes destinations, un panier de fruits, miel et autres douceurs sont à ta disposition. Partout où tu vas, on t'accueille comme un roi. Ça ne doit pas être dégueulasse de vivre comme ça.

Tu sors un clavier. Ton ordi. Augustin, qui s'occupe de la « production », nous rejoint. Il décapsule deux bières Jupiler, tu restes à l'eau. C'est parti pour une nuit de musique. Vers 4 heures, je bâille, alors tu me suggères d'aller me coucher. « T'y vas ? » En général, c'est le feu vert : tu m'invites à partir ou tu m'y autorises. Tu veux tout contrôler et je te l'accorde, tant que ça me convient.

À l'entrée de la chambre, on a convenu de laisser une petite lumière pour que tu puisses me rejoindre sans me réveiller. Je fais quelques allers-retours entre la chambre et la salle de bain. Chaque fois, je dois traverser la cuisine et tu me regardes passer, songeur. Ce regard revient souvent entre nous. Je le surprends sans me l'expliquer. Tout ce que j'en sais, c'est que je l'aime bien.

Je me couche dans le lit king-size, du côté gauche

parce que le droit, c'est le tien. Je me couche mais je ne dors pas. Je n'arrive pas à lire non plus. J'attends que tu me rejoignes avec une légère appréhension. Je ne crains rien de toi, tu es le plus gentil des hommes. Je crains… Que tu te rapproches de moi. Je crains cet instant. Qu'est-ce que je ferai si tu me cherches doucement sous les draps ? Te repousser ? Te faire du mal ? Les heures passent, 5 heures, 6 heures, 7 heures… Je veille. Enfin, la porte s'entrouvre.

Tu te faufiles dans la chambre. Tu enfiles ton pyjama noir à petits coqs que tu as en plusieurs exemplaires. Tu marches jusqu'au lit, sans bruit. Tu te glisses sous les couvertures en prenant garde de ne pas me découvrir puis tu me tournes le dos, c'est tout.

Je fais semblant de dormir mais je t'épie.

Recroquevillé au bord du lit, ton corps fait un tout petit monticule sous les couvertures. Tu tousses un peu. Je vois tes cheveux blonds ébouriffés, tes petites épaules rentrées sur ta poitrine gonflée par la maladie. Je te trouve émouvant. Le plus émouvant des hommes. Tu ne tentes rien. Tu n'essaies pas d'abuser de la situation : tu es attentionné, jamais opportuniste. Altruiste. Tu sais quoi ? Tu es le plus beau des hommes. Si j'avais été plus grande, plus noble, cette nuit-là et toutes les nuits, je t'aurais aimé. Qu'importent les conventions. Les autres femmes. Les écarts…

Voilà, bonne nuit. Dors bien là-haut. Ici-bas, tu nous manques.

26. 7 mai 2020

– *Ils sont à ton enterrement, là.*

– *Sans moi.*

– *Euh… C'est ton corps quand même !*

– *Je vais jamais aux enterrements. J'aime pas les gens qui pleurent dans les églises.*

– *Y a pas eu de cérémonie.*

– *Tant mieux. Je veux être peinard. Y a qui ?*

– *Véro et Lucie, Doudou, Laurent, ton frère Gérard et sa fille, Hervé… Enfin, je crois. Par contre, j'ai vu ta tombe et réjouis-toi, elle est sans fioritures. Pas la fosse commune, mais presque.*

– *J'aime bien ça. Pourquoi t'y es pas, toi ?*

– *Je n'suis pas invitée. J'irai te voir plus tard. Quand ce sera autorisé. Là, avec le coronavirus, y a que la famille… Mais plus tard, je viendrai. On se connectera de ciel à terre, tu veux ? Ce sera bien.*

– Oui, ma puce.

– Voilà, c'est fini. En vingt minutes, c'était réglé.

– Tu pleures ?

– Non. Mais je n'avais que toi au monde. Tu étais le seul qui m'aimait.

– Je sais.

– Hé ! Tu peux encore baiser là-haut ?

– Ah tiens, j'y pensais plus !

– C'est pas vrai.

– Si. Depuis deux mois, j'ai pas attrapé une fille et j'y pense pas. C'est dingue.

– Ben voilà, t'es guéri.

27. *Succès fou*

Le jour où le plaisir deviendrait son maître,
la douleur le serait aussi.

Sénèque

Tu m'appelles « ma femme », « mon amoureuse », tout en m'informant en détail de tes liaisons avec les autres filles. J'imagine que ça a quelque chose d'érotique de m'en parler. Je connais les points forts de tes amantes : Clémentine est experte en fellation, mais ce n'est pas ta préférée pour la pénétration. Tu veux me transmettre les émotions qui te traversent quand tu les pénètres, les positions qui te renversent quand tu les prends. Que je sache ce que ça fait de pénétrer leur chair.

Je ne te cache pas que parfois, je trouve ça bizarre !

À vingt ans, tu touchais le fond quand tu ne baisais pas quatre fois par jour mais maintenant, dis-tu assez fièrement, c'est une fois et demie.

– Une fois et demie, c'est pas mal !

– Tu trouves ?

– Bah oui. Ça représente quoi la demie ?

– J'éjacule et après, je peux encore bander mais j'éjacule plus. C'est la demie.

– Ah, d'accord.

Tu me demandes, inquiet :

– Est-ce qu'il restera une femme pour m'aimer quand je ne banderai plus qu'une demi-fois par jour ?

– Oui ! Moi !

– J'suis vieux, toi t'es jeune. Tu t'occuperas de moi ?

– Oui. Et tu vas vivre aussi longtemps qu'Aznavour. On a encore vingt ans devant nous.

Tu parles cul et je réponds : « Oui, mais notre livre !? »

On est l'un et l'autre fascinés par nos passions respectives.

28. Tes créations

En ce moment, tu te concentres sur ton duo avec Arno. Tu prends ton temps. Tu ne veux pas toucher aux couplets qu'il chante parce que c'est beau. Tu insères ta voix pour ne pas briser l'harmonie de son interprétation.

« Son souffle, là, tu l'entends ? J'aime bien quand il respire mais je ne sais pas si lui, il aimerait. »

Arno t'appelle tous les soirs mais ne dit rien. « Allô », gronde sa grosse voix dans le haut-parleur. Puis il attend. Tu lui proposes d'envoyer la maquette mais il ne veut pas, seulement quand ce sera fini. Toi, tu lui dis que tu l'aimes. Tes deux amis en ce moment, c'est Bruno et Arno. Et comme un aveu, tu ajoutes : « Tu comprends, ça tourne… »

Tu travailles sur *Jeanne* aussi. On visionne inlassablement un passage du film – coupé au montage final – où un des personnages tombe en série après avoir chuté de son cheval. Cette scène te rend hilare, alors tu te la repasses en boucle. Puis tu reviens à la musique.

– Qu'est-ce que tu penses de cette suite d'accords ? De ce son ?

– C'est beau !

Un soir, tu me tends un trousseau de clés en disant : « C'est chez toi. » Tu es comme ça, partageur. Certains en abusent mais tu n'es pas regardant, tu te laisses piller. « Oui, bébé, t'as pigé. »

Quand on a bien travaillé, tu m'emmènes dîner. On est les rois de la nuit.

29. *Tandis que*

30/10/2018 21 h 04
Je bosse mon amour dingue.
Tu me manques. Hâte que tu viennes dormir près de moi ici… Tu viendrais ???

[...]
Demain, on dîne tous les deux. Je t'enverrai un G7.
Vers 21 h ?

Non, t'inquiète ! Je prendrai le vélo.

31/10/2018 19 h 50
Je sens bien que jamais nous ne vivrons une nuit charnelle et complice. J'arrive pas encore à me passer de ce désir de ta chair. J'aime y penser, y croire, à ce moment de baise...
Et toi tu n'aimes pas ça, n'est-ce pas ?
Je sais, je te sens, t'aurais jamais dû venir passer ces quelques jours sur le bateau, avec moi.
C'est mieux qu'on laisse passer un peu de temps pour l'écriture de ton livre, avant qu'on se revoie.
Et qu'on se retrouve, intacts, pour bosser sur ce livre - la scène - etc. Ça, je crois que tu aimes.
Je t'embrasse.

Bon, comme tu veux, bise.

Mais j'aime bien passer du temps avec toi.

Moi, j'aime trop être avec toi... Tu m'inspires tout !
Alors je t'emmène dîner en amoureux pour Halloween à Saigon et te raccompagne à Montreuil ?

Oui !

Oh... chérie... Tu me baises tout l'temps.

Je veux un amour chaste et sans concessions. Dormir nus sans se baiser. Enlacés. Nos âmes libérées de la matière. Je veux qu'on s'aime comme des enfants. Sans limites, sans tourments. Que notre amour sonne cette note absolue qu'on est les deux seuls à entendre.

Si tu entends mes prières, tu espères que la fièvre me visite à mon tour. La fièvre de toi, en moi.

30. *Ces petits luxes*

Tu veux que je lâche mon boulot pour me consacrer à la création. Quand tu me sonnes à ton service, un coup sur deux, j'ai un empêchement. Le temps passé à gagner ma vie est autant de perdu. Je n'ai pas à m'inquiéter, tu paieras mon loyer. Tu vas aussi envoyer ta femme de ménage dans mon trois-pièces pour me dispenser des tâches ménagères. J'aurai du temps pour toi, pour nous.

Chaque fois, je t'assure que je le veux aussi mais rien ne se passe. Tu attends que je me rende corps et âme à ton scénario intérieur. Que je te fasse don de moi, comme tu le fais de toi, entier et absolu. Tu veux que je rapplique dès que tu me sonnes ; que je dégage quand je te lasse ; que je me consacre à toi entièrement et en contrepartie, j'accéderai aux privilèges qui te sont accordés grâce à ton talent. Je pourrai avancer vers la lumière. Dans ton ombre mais en pleine lumière ! Tu m'offres de partager ta route jonchée d'aventures et de privilèges. Le homard succède aux pâtes, le plaisir aux larmes, les courbettes au mépris…

Tu m'offres une vie tellement plus exaltante que celle que je me suis créée…

« Dis oui… »

Oui, je veux participer à ta création. Parler à la nuit. Je

veux cette vie-là mais sans coucher avec toi ! Je ne veux pas que tu m'entretiennes ; je ne veux pas de ton argent, te le prendre ou en profiter. C'est ton argent. Je veux le mien et être libre, aimer librement juste pour aimer, ne pas dépendre d'un homme ni de personne. Je ne veux pas qu'on m'achète ou qu'on me négocie.

Et puis un homme, il prend il jette. Rien de moins fiable qu'un homme. Je te dis que je ne veux pas dépendre de toi et tu me rétorques que vraiment, je ne te connais pas. Non, mais je connais les hommes !

Depuis le 17 avril 2020, je pense à toi jour et nuit. J'habite ta planète. Des fleurs en décomposition gisent sur ta tombe nue et sans apprêt, pas même gravée de ton prénom d'artiste : Christophe pour l'éternité.

Sur le côté, la fleur vive survolée d'insectes, mouches de la mort, c'est moi. Je suis là pour l'éternité, je te dois bien ça.

31. Le mariage

05/11/2018 00 h 59
J'ai bien bossé sur le duo ARNO. Des idées inspirées par ce manque de toi, toi ignorant que je t'aime... Je te désire tellement, Bénédicte... Si tu me laisses te toucher une nuit, tu ne me quitteras plus jamais, sache-le, bébé. [...] Dis oui, je t'en supplie...

Le 6 novembre, minuit, nous dînons au Petit Lutetia. Entre l'entrée et le plat, tu appelles Mary. Tu veux me la présenter ainsi que son amie Françoise, à qui tu as demandé de m'aider pour faire éditer mon roman. Elles nous rejoignent une demi-heure plus tard. Mary s'occupe d'une salle de concert parisienne et Françoise est journaliste à *Paris Match*, mais pas seulement. Elle organise un salon de livres écrits par des stars pour promouvoir la lecture chez les pauvres. Un truc comme ça.

L'année prochaine, elle veut que tu y participes dans une collection qui s'appellerait « Vos chansons ont une histoire ». Tu signerais le premier opus. Elle viendra t'interviewer une nuit ; et un mois après, elle te filera le « bon à tirer ». La sortie serait pour septembre, en même temps que ta bio qu'il serait préférable de différer donc... Selon elle, tu es trop jeune pour écrire tes mémoires et moi, j'ai mon roman. Elle va le lire et me donner des conseils.

Mary nous raccompagne chez toi ; et dans la voiture, Françoise, qui aimerait bien t'interviewer, nous propose d'organiser un mariage *Paris Match* ! On créerait l'événement sur papier glacé. Sa proposition m'enchante littéralement et même toi, tu es surpris d'un tel engouement. « Mais faudra que tu m'embrasses pour les photographes », insistes-tu. « En plus, ajoute Françoise, le reportage boostera la vente de ton livre. » À en croire les quelques femmes écrivains mariées à des chanteurs à succès, elle n'a pas tort : un mariage avec une célébrité vous propulse romancière instantanément. Un bon filon. Moi, je serai ta femme de papier glacé et on n'aura même pas besoin de baiser : le pied ! Et tous ces méchants qui médiront sur notre différence d'âge et de milieu me font marrer d'avance. Certes, je ne gagnerai pas le Goncourt mais quelle pub ! On s'emballe.

– On pourrait se paris-matcher sur le bateau cet été !

– Oh oui ! Je demanderai à Amélie d'être mon témoin ; et toi, tu prendras Bruno ou Arno.

Ce qui me plaît, c'est le côté bidon du truc. La dérision. Et puis, j'y vois une corrélation avec mon roman dans lequel mon personnage principal se marie avec un producteur pour booster sa carrière. Ainsi, je réaliserai dans la vraie vie un faux mariage alors que mon double fictif se marie pour de vrai dans mon roman. Vous suivez ?

« Mais elle ne m'aime pas », badines-tu pour que je te contredise.

Je botte toujours en touche quand tu veux m'obliger à te dire « je t'aime ». Je ne m'exclame pas comme Mathilda : « Mon Daaannnn, je t'aiiimmmmeeeee tellementtttt. Tu es géénniiaaaallllllllll ! »

Sobrement, je réponds : « Je suis là. »

32. Luchini

Le 13 novembre 2018, il fait très froid à Paris. À 17 heures, tu finis de t'habiller et vingt minutes plus tard, on s'engouffre dans un taxi. Tu n'as pas beaucoup dormi mais le spectacle est à 18 h 30, alors tu t'es fait violence pour sortir du lit. T'es fatigué, tu planes ; t'aimes bien flotter dans ce demi-sommeil. On va voir la pièce de Luchini *Des écrivains parlent d'argent*, et après la représentation on mettra le cap sur Soignies, en Belgique, pour un concert.

Luchini t'a donné l'idée d'une pièce de théâtre où, seul en scène, tu mêlerais textes et chansons pour raconter des moments forts de ta vie. Comme des Polaroid. Alors on vient en repérage, pour s'inspirer. On est en avance, il pleut doucement. Tu veux un Coca. Quand tu te sens faible, tu bois un Coca. Aux alentours du Théâtre des Bouffes parisiens, les cafés sont fermés mais un bistrotier accepte de t'ouvrir sa terrasse et de la chauffer.

Des passants te saluent. Une Italienne se fige sur la chaussée et te déclare son amour en roulant les « rrrrrrr ». Quand elle s'éloigne, tendrement, tu me demandes si je suis fière de toi…

Avant que la vie qui passe ne t'efface, je veux que les gens entrevoient cet amour ardent et bienfaisant que tu dispensais sans limites. Et qui me porte.

Dans un décor épuré – une table, une chaise, des livres –, Luchini lit des textes de Péguy, Hugo, Marx… et en improvise d'autres. Il parle d'argent, de son argent, apostrophe les gens du poulailler : « C'est pour vous que je joue ! »

Tu l'admires, Luchini, presque autant que tu admirais Roger Coggio quand tu étais encore un adolescent qui rêvait de devenir acteur. C'était ta période James Dean. Pendant deux mois, tu avais hanté le Théâtre Édouard-VII pour le voir jouer. Soixante ans plus tard, ton envie de jouer seul en scène est toujours la même.

« Je pensais pas du tout au cinéma à l'époque et cette pièce, *Le Journal d'un fou* de Gogol, m'avait bouleversé. Il y avait un acteur terrible : Roger Coggio. Il était seul en scène et ça m'avait marqué. Tu sais, je pense que c'est pour ça que j'adore être seul en scène. Je devais apprendre le texte, seulement j'ai jamais pu. J'arrive pas à apprendre les trucs par cœur. Je suis trop… distrait peut-être. J'ai jamais rien appris, même à l'école. Je passais mes nuits à faire des antisèches. Ça me freine un peu pour l'audio-bio parce que pour bien balancer le texte, faut plus y penser. Si ça s'trouve, si j'avais eu de la mémoire, j'aurais pas été chanteur mais acteur. »

À la fin du spectacle, Alexandre, l'assistant de Luchini, nous propose de le rejoindre dans sa loge, où le champagne est servi. Tu déclines l'offre : on a de la route à faire, alors on sera au restaurant d'en face. Si Fabrice veut nous rejoindre… Je serais bien allée boire un coup, moi, mais bon, personne ne me demande mon avis ! En tout cas, je comprends que selon tes règles, c'est à lui de venir te saluer. Fair-play, Luchini fait un passage éclair, le bonnet enfoncé jusqu'aux oreilles, pour te serrer la main.

Ce seul en scène dont tu rêves depuis tes seize ans, tu ne le feras jamais.

33. 23 mai 2020

Je suis la reine du confinement, pas un pied dehors, bouclée à triple tour depuis le 16 mars, 1 heure du matin, de retour du cinéma. D'abord, j'ai fermé la porte. Le 26 mars, la fenêtre ; et le 17 avril, à 00 h 05, ça a été le tour de ma bouche. Doublement confinée, je retiens la vie qui s'envole. Pour que tu ne t'échappes pas définitivement dans le monde trop vaste, je te garde dans une bulle. Ma bulle. Tu es mort pour tout le monde, mais pas pour moi. Tu es là. Je te parle et tu me réponds.

23 mai, midi, je me décide à sortir. Après tout, il faut bien que je vive. Je mets une robe bleue à fleurs, des talons hauts, je pose du mascara sur mes cils. Je suis doublement masquée. Sur ma bouche et mon nez des petits cœurs bleus assortis à ma robe et sur mes yeux, des lunettes fumées.

Je dépasse le portail de ma cour. Depuis deux mois, je la traverse à la nuit tombée pour éviter mes voisins quand je vais jeter mes poubelles. Je fuis leurs regards, leurs questions idiotes…

Tu voudrais que je vive et que je sois heureuse.

En marchant dans la rue, je sens que quelque chose s'est déréglé.

Tant que je laissais mes fenêtres fermées, je ne m'en rendais pas compte. C'est le dernier jour du ramadan ; et rue de Paris, à Montreuil, ça grouille de monde. Beaucoup de personnes ne portent pas de masque et s'agglutinent devant les commerces. L'épicier à côté de chez moi me salue : « Tu m'as manqué », dit-il. Je lui souris, il ne doit pas voir mon sourire sous le masque, j'y pense après. Je tourne à gauche, place du Marché. Une sorte de torpeur plane… La vie a repris son cours mais pas pour toi. Je peine à le réaliser.

Je fais un arrêt au centre Jean-Lurçat pour récupérer les masques mis à disposition par la ville. Tout va bien, mais je me sens fébrile. Je continue vers le centre commercial, trois cents mètres plus loin. Il y a trois mois, au plus fort de la pandémie, j'ai commandé une boîte d'antihistaminique pour mes allergies que je n'ai jamais récupérée, je vais la chercher. Il fait doux, le ciel est nuageux. Et soudain, en arrivant sur l'esplanade du centre commercial, en découvrant les queues organisées devant chaque commerce, les lignes blanches, jaunes, qui servent à marquer la distanciation d'un mètre entre les clients, je suis frappée par cette évidence : tu ne feras plus jamais partie du paysage.

Je me mets à sangloter bêtement derrière mon masque et mes lunettes, sans un bruit. J'entre dans la pharmacie, je tends mon ticket sans un mot, le gars me sert sans poser de questions.

Dans le silence et le rêve, on ne se comprenait pas toujours ; mais à la faveur de l'amour, on s'entendait. Et c'était beau.

34. Le contrat

Pour me libérer de mon poste – on appelle ça agent d'accueil dans le cinéma –, je compte sur l'éditeur. Un contrat, même modeste, m'assurerait un début de subsistance et à moi la liberté ! Je n'ai pas de gros besoins financiers et quand je t'accompagne, tu paies tout.

Alors je me consacrerai à toi.

19/11/2018 21 h 16
Retour de Martigues BB. Départ à 15 h d'Aix. On a pu rentrer sur l'autoroute il y a 20 minutes.

Le concert s'est bien passé ?

Oui, concert ouf et public génial. J'ai du nouveau. Bruno m'aidera pour la mise en scène et Giannoli va écrire les souvenirs de son enfance passée près de moi et de ma fille, pendant 20 ans.

Demain, si Gilles vient à 18 h 30, c'est bon pour toi ? Parce qu'il a un dîner après.

Je peux pas avant 19 h. [...] Mais qu'est ce qui était prévu ? On devait pas dîner ?

Non. C'est lui qui avait proposé ça...

Je veux dire demain à Gilles que je rembourse Flammarion avant la fin de l'année. [...] On va se consacrer à la scène. Écrire un truc qui déchire. On est bien entourés. Laurent et Julie sont chauds, plus Dumont et moi pour la mise en scène...
Tu travailleras près de moi. [...]
On a du beau... crois-y, bb ! Crois-moi, moi.

20 novembre 2018. 19 h 10, Gilles sonne à la porte. Tu sors du bain, alors je les accueille. Il est accompagné d'un éditeur maison qui t'adore.

Pendant que tu te prépares dans la salle de bain, côté

salon, on discute du livre de chansons et de la journaliste de *Paris Match*. J'omets de leur dire qu'on va se « paris-matcher » sur le bateau cet été et que ça me ravit ! Forcément, ils n'y comprendraient rien.

J'ai hâte que tu nous rejoignes et je prétexte l'apéro à servir pour planter là nos deux invités.

Dans la chambre, enroulé dans une serviette blanche, tu cherches ton jean bleu. Il est dans ta valise, posée ouverte dans le couloir. « Tu peux me le donner, ma chérie ? »

Je farfouille dans tes affaires, déterre ton beau jean japonais. Tu l'enfiles quand ça sonne à la porte. C'est l'épicier de la rue Campagne-Première qui, chaque semaine, te livre de merveilleux fruits exotiques : mangues, kiwis, litchis, fruits de la passion et même des pêches en novembre, que je te chipe à l'occasion !

Pendant que vous rangez ces douceurs, je sers nos hôtes.

19 h 30, tu arrives enfin, objet de toutes les convoitises, les cheveux en bataille, sentant bon la fleur d'oranger. On fait les présentations. On a peu de temps, alors on en vient vite au sujet de cette réunion : tes mémoires et leur écriture.

Gilles et l'autre éditeur reviennent sans cesse sur ces fameuses cinquante pages qu'ils voudraient bien lire… Sur ce que moi, j'ai enregistré sur mon iPhone. Je leur fais croire que j'ai des kilomètres d'interviews et de confidences inédites. « Mais vous avez déjà fait ça ? » demande l'autre. Il t'adore mais moi, il préférerait que je disparaisse. Je fanfaronne intérieurement : « Ben non. Jamais fait ça. En fait, même si j'étais illettrée, je le ferais, mon gars, parce que Christophe m'aime ! Eh ouais, c'est comme ça. Je comprends que ça t'énerve. »

Pour t'affranchir du contrat signé il y a plus de dix ans,

il faut rembourser. Je m'occuperai d'apporter le chèque. « Et après, on s'arrange », dit Gilles.

Quant à l'autre livre sur les chansons, il suffira de ne pas signer le bon à tirer, le temps qu'on publie le nôtre. Ce bon est le sésame pour une édition. J'aime bien Gilles. Il est droit et rusé. Pas comme toi, qui penche tout le temps !

Bien sûr, il faut s'accorder sur ton contrat, l'à-valoir, tout ça. On est là pour discuter et tu connais ton prix.

– Ce que je voudrais, moi, c'est un juke-box. Un beau juke-box. Il est à Amsterdam pour l'instant, il m'attend.

– On verra après pour vous, me glisse gentiment Gilles à l'oreille.

Parce que, évidemment, le contrat tourne autour de toi, je ne serai qu'une petite servante de cet arsenal déployé pour faire un best-seller. Je n'ai jamais été aussi près de signer un contrat d'édition alors que je n'ai pas écrit une ligne. Personne ne sait si je suis capable d'aligner deux mots correctement mais on s'en tape. C'est toi qu'ils veulent ! Mais je fais partie du marché. J'hésite à négocier l'achat d'un cheval comme à-valoir.

Pour toi, le juke-box et pour moi, un bel anglo-arabe !

35. *On achève bien les autos*

27/11/2018 11 h 29
Bonjour, Édouard Baer vient de m'appeler pour dimanche. 20 h 15 à la Maison de la Radio. Tu viens avec moi ?

27/11/2018 11 h 35
Oui.

09/11/2018 17 h 18
Bonjour. J'ai rêvé de toi…
C'est la troisième fois cette semaine…
J'y peux rien… […]
Tu voulais dissimuler ton apparence.
Tu te cachais.
C'était bon dans tes fringues,
ton odeur, ta température… […]

L'érotisme, le désir, tu me l'écris. C'est notre littérature intime. Et même si je n'y réponds pas comme tu l'espérerais, à aucun moment tu ne me l'assènes. Quand on est ensemble, tu n'as pas un mot déplacé, pas un regard de travers, pas un geste de trop. On s'entend en sourdine ; petite touche de silence par petite touche de mots. J'aime ta façon de me parler doucement, tendrement, comme si tu m'aimais. Et une chose ne s'est jamais démentie : tu détestes me faire du mal.

Souvent, je reste plantée devant toi, sans résistance ni défiance ; je m'offre sans me donner et je me demande toujours un peu ce que j'aurais fait si tu m'avais attirée contre toi… Jamais tu ne tenteras de m'embrasser, jamais rien d'obscène ni d'osé ne ponctuera ces instants. Tu tiens mes mains, tu me souris. Je reste là, on se regarde et dans ton regard, maintes fois, je lis de l'étonnement. Dans le mien, qu'as-tu lu qui te touche tant ?

01/12/2018 12 h 38
Je vais devoir annuler pour demain. Mon père fait une hémorragie cérébrale… Je vais lui faire mes adieux.

01/12/2018 12 h 54
Pensées, ma Bénédicte - Pour toujours dans mon cœur - Écris quand tu veux si tu as besoin de quelque chose. À toi. Christophe.

La mort, toi, tu ne veux pas y penser ; mais tout le temps que dure l'agonie de mon père, puis l'attente de ses funérailles, tu m'envoies des fleurs sur l'iPhone rose que tu m'as offert, quelques mots doux, tes chères pensées : « La vie continue, amour », « Hâte de te revoir »... Ils sont comme des perles sur ma route.

36. *Le grand couteau*

Dès mon retour à Paris, je débarque chez toi. Devant ta porte, je laisse mes bagages et je les oublie. Je n'ai pas de mémoire, pas de passé, moi non plus. Je remets mon esprit à zéro. Du chagrin, je ne parle jamais. Toi, les gens qui vont mal, tu arrêtes de les voir. Tu les fuis comme tu as fui Marina. On peut te croire égoïste, mais je sais que tu te protèges. Tu dois te protéger plus que les autres, c'est tout.

Les affaires reprennent aussitôt : la veille, tu as dîné avec Bruno Dumont et sa productrice. Ils veulent faire un opéra de ton projet d'auto-bio musical. Un opéra rock. On ira dîner tous les quatre à ce sujet, bientôt. Dans le taxi, tu prends ma main pour me parler création et amour, des gens que tu connais, de l'odeur des filles... Je n'ai qu'une idée en tête : continuer notre travail. Alors la discussion fait l'impasse sur mon père pour se concentrer sur le tien.

– J'étais dans une famille plutôt à l'aise car mon père et mon grand-père étaient des travailleurs. Mon grand-père démarre en fabriquant des tuyaux. Puis il monte une petite usine, ça marche, ça évolue. Mon grand-père va alors former mon père, il était doué pour le truc et il s'est retrouvé à la tête d'une PME. Ce n'est pas avec une baguette magique qu'il a fait ça. Il a été au charbon !

Ah, mon père, il était spécial. Il m'emmenait avec lui sur les chantiers ! Il était super. C'était un Italien dragueur. Brun. Très beau. Le play-boy de la grande rue de Juvisy. Il trompait ma mère, mais je n'ai jamais eu une pensée malveillante pour lui. J'ai compris très jeune qu'il ne pouvait pas finir avec ma mère : c'était un homme à femmes !

Il a toujours vécu au-dessus de ses moyens. C'était un mec qui avait réussi. Jusqu'au jour où un gars est tombé d'un toit. Un ouvrier… Le gars est mort et ça l'a ruiné. Mon père a fait de la prison, tout ça. Tout finit un jour, quoi. J'ai connu la famille, puis la ruine de la famille. C'est pour ça que je suis comme ça.

37. *Pour un oui pour un non*

Après avoir terrassé la journaliste de *Paris-Match* et son recueil de chansons, nouveau bémol : Sylvie veut le livre. Elle va en parler à sa maison d'édition et si celle-ci s'aligne sur tes conditions, elle sera prioritaire. Sylvie, c'est l'éditrice à l'origine des fameuses pages, celle qui s'est enfermée quinze jours avec toi pour recueillir tes souvenirs. Elle t'avait convaincu parce que sa voix est douce. La douceur de sa voix n'a pas suffi à te retenir mais tu es honnête : elle est à l'origine des pages, alors elle reste dans la course. Ce contretemps me déplaît. Je proteste.

– Mais je l'aime bien, moi, Gilles.

– Si elle s'aligne sur mes conditions, elle est prioritaire, tranches-tu.

Je suis déçue. Ce contrat, c'était la concrétisation de tout ce que tu me promets depuis le départ parce qu'au final, si je te rejoins chaque fois que j'ai du temps libre, si je passe des coups de fil et gère nos rendez-vous, je ne t'accompagne pas souvent en concert, je ne m'occupe pas des journalistes… On évoque le livre, la pièce de théâtre, mais ça reste de l'ordre du fantasme. Tu uses de mon désir d'écrire comme d'une carotte.

Le lendemain, j'avertis Gilles de cette complication sans omettre de lui préciser qu'il a ma préférence. J'espère un peu qu'il retourne la situation comme avec la journaliste de *Paris Match* mais au lieu de ça, il me met en garde.

– Christophe veut vraiment le faire, ce livre ?

– Oui, il a très envie de le faire avec moi.

– Parce que, faites attention, il avait été jusqu'à la présentation devant les libraires avant de tout lâcher. Sylvie y avait passé beaucoup de temps.

Mais je confirme : « Avec moi, il le fera ! »

38. *Ici repose*

Tu as besoin de textes à raconter pour la scène alors quelques jours plus tard, on s'attelle à l'audio-bio, mixte de textes et de chansons. J'ai imprimé et relié l'intégralité de tes pages et je te les lis. J'arrache celles qu'on ne gardera pas. Je souligne les passages qui nous plaisent. On pioche ici et là quelques anecdotes qu'on utilisera dans ton spectacle. Sur scène, on projettera des phrases, des vidéos sur le mur. Les idées fusent. Tu pourrais faire un remake de *La Dernière Séance* aussi, non ? Un quart d'heure cinéphile de tes films préférés. Et pourquoi pas créer les Christophettes ? Toi, au milieu de toutes ces filles qui n'en font qu'à leur tête et se chamaillent. Tu les aimes tant, les filles. Tu pourrais même en pendre une avec les cordes au-dessus de la scène !

– Toi ?

– Oui, comme ça tu seras obligé de m'emmener partout.

– Mais je t'enlèverai ta culotte.

– On verra.

Bon, on fait un test ? Imaginons, tu rentres sur scène chaussé de tes bottes de sept lieues. Tu marches comme si t'étais jeune et le public n'y voit que du feu. Tu les salues d'une main levée, désinvolte. D'ici, on dirait même que t'es grand ! Tes premiers mots sont pour annoncer que le concert est interdit aux plus de cinquante ans. Ils t'applaudissent. Ça doit faire bizarre d'être toi… Tu t'installes direct devant la petite table d'écolier. On vire les explications, blablabla, comment t'en es venu à la pièce et blablabla, on s'en tape. Tu démarres direct. Vas-y, j'enregistre. Comme ça, on chronomètre.

Quand t'as arrêté la musique, un peu après *Aline*, tu m'as dit que tu voulais être pilote automobile.

« Ouais, Porsche voulait m'engager ! J'avais un don pour le pilotage ! Mais un soir de fête avec Polnareff, je me suis fait arrêter par un agent de police. J'étais bourré. Je roulais à plus de 200 km/h sur les Champs-Élysées. Le flic s'est mis devant le capot de la Lamborghini Miura et je l'ai poussé sur dix mètres, mais doucement… Quand le car de police est arrivé, les flics ont arraché la portière pour me sortir de la voiture. Ils m'ont plaqué au sol. Dans le fourgon, ils me filaient des coups de latte. C'était ma fête. Ça m'a valu deux ans de suspension de permis et trois ans de prison avec sursis. »

39. Frère d'âme

13/12/2018 18 h 41
Je veux te demander un truc… Je suis un archange fétichiste. Dis oui, je t'en supplie… […] On essaie. Et si tu as envie d'une autre fois, on saura, on saura que j'avais raison. Sinon, je saurai t'aimer autrement pour notre création. Je te laisserai jamais.

Moi, j'aime bien qu'on s'aime autrement. On est si proches ! Sans parler, sans se toucher… Comme une communion.

Tu me tortures !!!!

Mais non ! T'as les autres !

Whaoooo, t'es méchante !

Non.

Phone

Le sexe n'est pas une condition primordiale entre nous parce que tu as toutes les filles que tu désires ! J'ai vu des femmes se jeter à ton cou, enjôleuses, éblouies. Des gamines sublimes qui te courent derrière et tu me dis : « C'est bizarre, j'ai pas envie. » Des filles belles comme des diamants incapables de t'éblouir plus d'une nuit. Après la baise, elles t'ennuient. Elles te retiennent moins avec leurs baisers que moi avec mon refus.

Tu veux qu'au moins je consente au Kinbaku, l'art du bondage japonais. C'est comme peindre ou sculpter mais l'outil, c'est les cordes. Tu veux m'attacher dans ta chambre. Tu nouerais des cordes sur mes cuisses, mon ventre serait serti d'un nœud araignée, tout en me photographiant pour voir la progression du tableau. C'est dans tes cordes. Dans un des tiroirs de la salle de bain, tu as toute une collection de strings et de culottes que les femmes t'ont laissés, tels des trophées.

Un instant, je pense t'offrir de m'attacher pour Noël. Te filer ma culotte, ce n'est pas la fin du monde ; et je ne veux pas que tu m'abandonnes ! Près de toi, inconstant, infidèle, je suis en sécurité.

40. *La Man*

Puis tu pars à Grimaud. J'ai les clés de chez toi et j'y vis en ton absence. Je te rends de petits services : sortir tes poubelles, réceptionner ton courrier, tes colis chez le caviste… Chez toi, tu laisses toujours tout allumé. Tu dis que si tu éteins les lumières, les ampoules sautent quand tu les rallumes. Tes machines bourdonnent. J'éteins tout.

Le 8 janvier, à minuit, tu m'informes de ton arrivée imminente ! Je me lève, je rallume lumières et machines du studio, rien n'a grillé. Je t'entends parler dans le hall quand je descends l'escalier. Tu prends l'ascenseur. Avant de claquer doucement ta porte, j'ai dispersé aux quatre coins de ton appartement des cadeaux de Noël que tu découvriras les jours suivants.

Le 15 janvier, tu déclares : « On ne se verra plus jamais, c'est mieux pour nous deux… Tu es celle que j'aime et que je respecte le plus. Je revois Marina, je vis un truc avec Clémentine, Clara, ça pourrait me suffire et non ! Non ! On ne se verra plus mais je t'offre mon vélo pour tous les beaux moments passés ensemble. »

Tu voulais que je sois plus près de toi ; pas trop collés, je te connais, libres même. Mais des fois vivre ici, créer la nuit, dormir le jour ; et que je te fasse sentir mon cou, ma chair, l'odeur de notre dernier soir, te souviens-tu ?

Tu voulais faire l'amour dans les hôtels, dans les voitures, sur le voilier ; faire pencher la terre jusqu'à perdre pied, naufragés dans un ciel d'amour étoilé.

Tu voulais défier le temps, me donner du plaisir, bander longtemps, me montrer comme tu peux me faire jouir, yeux clos derrière tes caresses, bouche ouverte ; puis jouer notre vie sur une table de poker, la perdre d'un coup de dé : si tu gagnes, je gagne aussi.

Tu voulais vieillir sans âge, au large de la raison, jamais adulte, inconscient, poser l'instant, sans plan, juste l'inspiration.

Tu voulais être le plus pur, le plus dur, dérégler les heures jusqu'aux dernières lueurs et regarder ensemble le soleil se lever.

Tu voulais l'amour satyre, mon cœur c'est mon cul ; et qu'on se tire ou qu'on s'attire, viser les sommets, se fendre d'un baiser, mouiller, baver, fétichistes de l'impossible.

Tu voulais que je t'abreuve, plaisir, don, tête-à-queue puis tête sur ta poitrine, ma main chaude et humide, foutre, sueur, la honte c'est déjà du plaisir.

Tu voulais tout.

Tant de choses, mes mains roulent dans ton dos, mes doigts parlent à ton cœur, te souviens-tu ?

Tu voulais l'amour fou, dessiner mes courbes dans la poussière, me suspendre attachée, cordes rouges sur ma peau, me hisser haut dans ton film, me piétiner sous tes désirs ; et crever peut-être, si tu ne m'aimes plus.

Tu voulais que partout je t'accompagne et qu'ensemble, on crée un vêtement ; coudre sur les cauchemars la vie réinventée, fil d'or, tant de choses.

Tu me voulais…

Mais je veux les privilèges sans les baisers, alors je dis non !

41. 31 mai 2020

– Je suis allée sur ta tombe tout à l'heure. Je veux que ton esprit descende en moi, comme les langues de feu qui ont touché les apôtres le jour de la Pentecôte !

– T'es croyante maintenant ?

– Quand ça m'arrange. Enfin, c'est mon côté mystique. Toi aussi, t'es mystique.

– Ah bon ?

– Ouais. Tu l'as même dit à Aurélie, pas la tienne mais celle de Radio Nova[1]*. Tu l'as dit concernant l'embrasement de Notre-Dame, tu t'en souviens ?*

– Non, ma chérie. Tu sais, cette fois, je ne me rappelle plus rien… C'est fini…

– Dis pas ça !

– OK, bébé.

– Tu as dit que l'embrasement de Notre-Dame, c'était un acte d'extraterrestre, quelque chose venu d'ailleurs, peut-être même un acte divin. Tu ne croyais pas en grand-chose mais tu croyais en ça. Ça annonçait peut-être…

– Quoi ?

– Non. Rien. Tu me manques.

– Mais je suis là, ma chérie.

– Oui, dans ma tête. Je préférerais que tu arpentes le vaste monde.

---

1. Pour l'émission *À la dérive*.

42. *Les mots fous*

31/01/2019 19 h 13
Et la bio, tu veux toujours qu'on l'écrive ou je continue toute seule dans mon coin ?

02/02/2019 08 h 05
Tu sais, je ne peux pas expliquer cette relation humaine.
J'ai une admiration démesurée pour toi.
[...]
Je t'ai jamais menti, tu le sais.
Peut-être que si on avait essayé une fois,
on aurait continué, que ça marche ou pas entre nous.

03/02/2019 09 h 52
Et si, tu m'as menti !
Tu disais que tu étais altruiste.
Que tu ne m'abandonnerais jamais.
Même si notre relation restait chaste, tu voulais qu'on travaille ensemble. [...]
C'est toi qui as voulu qu'on écrive tous les deux.
Tu voulais que je laisse tomber mon boulot pour qu'on crée des choses nouvelles, que je te suive au bout du monde.
Tu ne m'as jamais dit que ce que tu cherchais, c'était une assistante sexuelle.
Mais au final, c'est tout ce qui compte pour toi.
Le beau entre nous, le différent, tu l'as senti puis tu l'as détruit.
Tu es habitué à ce qu'on te courtise.
Les gens mangent dans ta main.
Pas moi. Je ne suis pas à vendre.
Ne pense pas que je sois fâchée, je t'aime toujours.

11/02/2019 16 h 17
Je pense à toi sans arrêt, autant que lorsque je te voyais... [...] Tu m'inspires, sans toi j'ai un manque. Clémentine part lundi. Viens après.

18/02/2019 16 h 44
Je t'aime.

19/02/2019 16 h 16
Toi aussi, tu me manques.

20/02/2019 00 h 42
Bénédicte, y a que toi qui m'inspires...
[...]
Viens en concert avec moi.
Soissons. Et Belgique.
Viens.
Te veux près de moi, pour taffer.
On va bosser, plus perdre de temps.
Pour le reste de mon envie, on verra...
On part jeudi à minuit,
Après ma petite prestation aux Bains-Douches.

20/02/2019 02 h 10
OK, je viens.

43. Les Bains-Douches

Quand la porte s'entrouvre, tu chantes *La dolce vita* en yop. Un rapide coup d'œil dans ta direction, et je traverse la grande salle des Bains en évitant de croiser ton regard.

Tu es assis au piano et un instant, tu suspends ta main au-dessus du clavier pour me regarder passer… Puis elle retombe sur les notes, ta main. On ne s'est pas revus depuis que tu m'as chassée et notre timidité respective nous laisse interdits.

Je suis contente de reconnaître Amélie, accoudée au comptoir du bar. Je la rejoins et en attendant que tu finisses les balances, on sirote un cocktail. Le temps que nous partageons près de toi, elle me prend sous son aile quand tu es occupé ailleurs.

Avant ta prestation, on se replie dans une chambre mise à ta disposition en guise de loge. Il y a des cadeaux pour toi : miel, eau de Cologne et d'autres choses luxueuses que tu m'invites à prendre si ça me chante.

Amélie ouvre une bouteille de champagne. On se sert une coupe en mangeant des petits-fours. J'ai de la chance, elle se réjouit de partager la route avec moi.

Toi, tu ne manges ni ne bois avant de chanter. Tu m'expliques que paradoxalement ce mélange de fébrilité et de faiblesse te booste sur scène. Manquant régulièrement de sommeil à cause de tes horaires décalés et du bruit qui monte du boulevard du Montparnasse, tu t'économises pour ta prestation.

Je me glisse avec Amélie côté coulisses pendant ton show, mais il faut batailler pour ne pas se faire recaler tout au fond de la salle, plaquées contre le mur par des gars moins précautionneux que nous. Les gens se battent pour t'approcher, ils ont raison. Quelques comédiennes reconnues sont venues t'applaudir : Karin Viard (*Océan d'amour* est sa chanson préférée, tu sais ça ?), Amira Casar que tu aimes beaucoup et qui me snobe avec son accent façon XVIe quand elle présente sa carte V.I.P. MK2 au ciné… Moi, je suis toujours aussi émerveillée de t'accompagner, d'être là, comme propulsée dans un monde meilleur.

Je renoue avec ces émotions étranges qui m'envahissent et dont je ne sais rien dire.

44. Le roi

Dans ta chambre, après ta performance, une horde de supposées amies elles-mêmes accompagnées de proches investissent les lieux. Elles crient, tournent autour de toi, agitées et rieuses, et dans cet afflux de mondanités je me sens déplacée soudain. Je crois que c'est la première fois que je suis si mal à l'aise à tes côtés. Ça doit être la concentration de Parisiennes branchées qui fait ça. J'aurais presque envie de te dire : « J'y vais, je ne peux pas rester ! »

Autour de nous, les filles crient, rigolent, elles vident le champagne et je reste à l'écart, fermée, n'osant plus rien du tout. Je ne parle pas, je ne mange pas, je ne m'assois pas, je crois que je ne bois pas non plus parce que les bouteilles de champagne sont prises d'assaut par la horde de filles. Je boude mon homard et tu me préviens : « Tu vas te le faire chiper. » Et s'il me fait envie, ce homard, je ne peux pas juste m'asseoir et le manger parce que je n'ai pas envie de participer à l'orgie. Une d'elles l'engloutit d'ailleurs, sous mon nez ! Comme tu l'avais prédit !

Alors je pense que tu vas encore me chasser et en prendre une nouvelle dans ce lot de filles vivantes et gaies ; une qui fera tout ce que tu veux et t'aimera entre ses cuisses. Peut-être celle qui sort, délibérément provocante, enroulée dans un peignoir de l'hôtel et les poches pleines de tout ce qu'elle a pu ramasser. Le lendemain, tu t'excuseras auprès du directeur de l'hôtel de la razzia opérée dans la chambre.

Si les filles papillonnent autour de toi, ce soir, aucune ne s'assoit à ta droite. D'habitude, on attend son tour pour un selfie, une dédicace, un mot bleu, un flirt de quelques secondes. Tu es accessible et bienveillant avec chacun, et ceux qui te sont proches restent en retrait lors de tes shows. C'est particulier. Ils te connaissent bien.

Mais cette nuit-là, le canapé reste vide. Tu dis, en me jetant un regard complice : « Asseyez-vous près de moi ! On dirait un roi, avec sa cour. »

45. *La dolce vita*

À minuit, on prend la route avec Doudou et Amélie, direction Soissons. Si Doudou fait office de chauffeur et d'assistant, Amélie veille sur toi. Tu ne te maquilles plus, juste un peu de poudre pour les téloches. Avant de prendre la route pour un concert, elle s'assure que rien n'a été oublié. Dans les hôtels, pas avant 16 heures, elle gère ton petit-déjeuner. Au théâtre, elle s'occupe de te concocter des tisanes savantes pour ta voix et des jus de légumes after-show pour te rebooster, en plus de s'occuper du merchandising. Elle dit tout le temps qu'elle est overbookée et passe un temps fou au téléphone.

Pour te concentrer sur tes créations et sur l'amour, qui sont un peu la même chose en définitive, tu as besoin d'être assisté dans les tâches laborieuses du quotidien. Tu as toujours laissé aux femmes qui t'accompagnent le soin de gérer tes affaires. Ça leur octroie une sorte de pouvoir, qui n'est pas pour leur déplaire. Jusqu'à ce qu'une rivale ambitieuse les pousse dehors.

– Tu vois à quoi t'as échappé !

– Oui, la paperasse, je leur laisse ! Y a que l'artistique qui m'intéresse.

Sa place, Amélie l'a acquise au fil des ans. Elle dit que tu es son meilleur client. Toi, tu aimes bien sa mentalité. Tu regrettes de lui avoir causé du chagrin en la quittant : « Elle ne méritait pas ça. » Alors t'as continué l'histoire autrement, volage mais fidèle, à ta façon.

Doudou, qui a assisté au ballet continuel de tes amantes, me dit : « Elle prépare les repas de ses maîtresses. Elle l'aime encore. » Comme je lui fais remarquer que t'as sacrément besoin d'elle pour gérer ta paperasse, il rétorque, amusé : « Il en trouvera une autre ! »

Amélie, dévouée et discrète, veille au grain : tu es sa terre. Et si les favorites passent, elle reste. Elle est forte, Amélie.

46. À l'hôtel

Au réveil, on se retrouve à la piscine avec Amélie. Dans le hammam, on papote. Je lui confie mon envie de m'impliquer dans nos projets mais je crains qu'en refusant tes avances, tu te débarrasses de moi. Elle m'assure que non, tu n'es pas comme ça. Pourtant, tes proches collaboratrices, celles qui forment le premier cercle et t'accompagnent en concert, ont presque toutes, à un moment ou à un autre, été tes maîtresses : Amélie, celle qui se disait ta manageuse, Marina ou Chloé par la suite… Les femmes de la technique y échappent : elles forment le second cercle, plus éloigné. Quant aux chanteuses que tu plébiscites le temps d'une chanson, d'un concert ou d'une promo, cela diffère selon leur notoriété et leur résistance.

Amélie me fournit un petit mode d'emploi de toi : tu aimes qu'on te propose des idées, des pistes de travail, des premiers jets. Pour t'avoir au téléphone, il suffit d'envoyer un message pour convenir d'un créneau horaire. Tu es très pris, très demandé : tout Paris veut bosser avec toi, alors il est normal de s'adapter à ton planning. Moi, j'essaie une fois et si tu ne décroches pas, je laisse tomber.

J'adopterai finalement une technique infaillible : j'appelle quand tu me le demandes.

22/02/ 2019 17 h 30
Départ 18 h, là dodo.

22/02/2019 18 h 00
Départ 18 h 20.

À 19 heures, on décolle.

Dans la voiture, tu sors ton Mac et on fignole le petit discours qui te servira de canevas sur scène. Tu y travailles toujours sur la route en partant de Paris, dans la chambre d'hôtel la nuit et, de nouveau en voiture, jusqu'au lieu du spectacle. Tu adaptes le texte à l'architecture du lieu, à la région, à ton état d'esprit. Tu m'y associes quand je suis là. Lentement, on cherche le mot. Tu es très méticuleux. Réfléchi. Tu prends ton temps.

L'équipe est sur le pied de guerre dès notre arrivée et tu te conformes aux directives de Maud. J'ai souvent observé cette propension à t'en remettre à l'autre. Si tu te sens en confiance, tu t'abandonnes. Quand cette confiance est déçue, tu romps. Bref passage par les loges avant de rejoindre la scène pour les balances. Maud, la régisseuse, s'occupe de tout. Pendant le concert, Anton veille aux instruments. Facilement distrait, tu lui reproches son dilettantisme mais sa délicatesse te fait tout lui pardonner. Derrière la table de régie, un type un peu rugueux. Il traite avec une sorte de mépris, au mieux de distance, les filles qui t'accompagnent et se succèdent.

Plusieurs fois, je sentirai son sale regard glisser sur moi : « Toutes des putes » doit être son credo.

Soissons, 22 février 2019.

47. Sur la route

Après le concert, direction Arlon, en Belgique.

Au volant, Doudou est de bonne humeur mais fatigué. Arrivé à l'hôtel à 4 heures, il était sur le pont à midi pour installer la scène. Ses nuits sont courtes.

Ces derniers temps, tu ne le supportes plus. Tu le trouves fainéant. Il est fatigué, Doudou. Lancé à 160 km/h sur l'autoroute, bercé par tes 24 °C intérieurs (et impossible d'ouvrir la fenêtre, tu crains trop les courants d'air) et le ronronnement du moteur, il s'assoupit. Mille fois, tu lui as dit : « Quand t'es fatigué, tu t'arrêtes et tu te reposes » ; mais Doudou est trop orgueilleux pour admettre qu'il pique du nez. Parfois, tu prends le volant. T'as plus de permis mais tu fonces sur l'autoroute.

« Je suis un pilote de course sans permis. »

J'observe Doudou : ses yeux deviennent lourds, il les écarquille, lutte visiblement contre le sommeil ; et une fraction de seconde, ses paupières se ferment. La voiture se déporte légèrement, mord la ligne blanche qui fait crisser les pneus… Il les rouvre d'un coup et redresse le volant. Parfois, quelqu'un crie : « Doudou ! ». Heureusement, il conduit très bien. Mais une nuit, vous étiez seuls et vous avez fait un tonneau. Alors t'es pas tranquille et à tour de rôle on se relaie pour garder un œil sur lui.

On est de quart comme sur le pont d'un navire ! Amélie veille la première puis moi et toi en dernier. Au-delà de ton manque de sommeil et de ta santé précaire, malgré la toux grasse qui t'accompagne toujours, tu es le plus fringant de tous ! Exceptionnellement réveillé et vivant !

On sort de l'autoroute. Il reste quelques kilomètres avant de rejoindre l'hôtel quand Doudou rate un feu rouge. Amélie crie. Il pile. La voiture cale au beau milieu du croisement. À 4 heures du matin, les routes sont à nous et Doudou redémarre comme si de rien n'était. Mais ça l'a rendu nerveux, il s'affole, refait la même portion de nationale plusieurs fois avant d'admettre qu'il est perdu : impossible de trouver l'embranchement qui nous conduirait à l'hôtel. Mais ce n'est pas sa faute ! C'est la faute de Maud ! Elle bâcle ses feuilles de route et omet toujours le numéro de la rue.

À l'arrière, tu restes zen. Tu ne veux pas t'en mêler sinon tu vas t'énerver. On sort nos téléphones pour utiliser les GPS, *à droite, à gauche*, scande la petite voix synthétique. *Faites demi-tour*. Amélie reproche à Doudou de ne pas avoir vérifié l'adresse avant le départ. « C'est quand même pas difficile, dit-elle. Quand t'as la feuille de route, tu regardes, t'appelles l'hôtel s'il le faut. C'est ton boulot. » Doudou apprécie moyennement sa remarque et ils se chamaillent doucement.

« Arrêtez tous les deux ! » commandes-tu.

Plus personne ne moufte !

Ainsi va la vie sur la route de la musique et de la liberté !

48. Arlon, 23 février

« Vous avez pas le permis à points chez vous ! Trop malins, les Belges. Moi, je peux pas perdre mes points parce que j'en ai pas. J'ai plus l'permis. Maintenant je roule en Twizy : 45 km/h à fond dans les virages et sur scène, j'ai ma chaise à sons. Voyez ! J'ai créé cette chaise dans les années 95. Mon ami Alan Vega, du groupe Suicide, était venu l'essayer dans mon studio et il en était fou. Il a passé toute la nuit dessus. Alors ça, c'est le deuxième prototype. Je sais pertinemment que niveau carrosserie, ça va pas, mais sinon, tout y est. Le micro est là : c'est plus facile pour communiquer ensemble et avec moi-même. Parce que je m'entends, j'entends ma voix qui résonne dans n'importe quelle position. C'est une invention pour communiquer avec soi-même ! Quand ça roule bien, je peux aller voir les gens que j'vois pas, puis foncer aux guitares comme un dingue et revenir jouer du piano romantique. Si j'avais un p'tit moteur, j'irais direct ; puis je reviens en marche arrière en regardant dans le rétroviseur. Enfin le rétro, ce sera pour le prochain prototype : faut quand même que j'aie un rétro quand je vais en marche arrière. Si je repasse dans le coin, la prochaine fois, j'aurai un rétro et je pourrai chanter de dos ! Je vous regarderai dans mon rétroviseur. Je serai le seul chanteur au monde à voir son public dans un rétro. Eh ouais, j'suis pas que chanteur. Je suis créateur, designer, gambergeur, inventeur voyez, amateur de choses que les autres créent. Par exemple, j'aime beaucoup les machines à laver, j'adore ça. Je fais la couleur à 30 °C, la nuit, comme tout le monde. »

49. 9 juillet 2020

– Toutes ces nanas qui s'entassent dans ton espace cœur et photo ! C'est vrai que t'étais grave quand même !

– Bah oui, faut le dire. Dis-le. Un vicelard de première catégorie.

– En plus d'être le roi des menteurs !

– Oui, faut dire tout ça. Ça a commencé en maternelle et ça ne m'a jamais lâché. À quatre ans, j'avais le goût des filles dans ma bouche, je salivais quand une p'tite passait. Les filles, c'est la musique. La musique, c'est le cul. Et plus le temps passe, plus je baise ! Dis-le. J'assume tout.

– T'es un petit prince joueur, vicieux et adorable.

– Et c'est moi le boss.

– Pas le mien.

– Non. Pas toi.

– C'est pour ça aussi que je ne voulais pas que tu me paies ! Je nous imaginais créer coude à coude, et pas juste comme si j'étais ton obligée. Mais je te suis dévouée, infiniment. La dévotion, c'est un truc qui leur échappe, à ta femme et ta fille. Elles veulent tout reprendre de ton amour fou dispersé aux quatre coins de la planète. Tu dilapidais l'argent et tu dilapidais l'amour. Tu flambais tout. Comme un seigneur. Et elles veulent être les seules héritières… Même de ton vélo ! Elles veulent que je leur ramène ton vélo ! J'ai pas envie de le leur rendre.

– Alors garde-le, c'est ton vélo.

– Oui, tout le monde me dit ça. Sébastien, Zébulon, Bruno…

– Bruno ?

– Oui.

– Tu parles à Bruno ?

– J'ai trouvé son mail et je lui ai écrit. C'est Helena qui me l'a donné. T'es jaloux ?

– Vraiment, tu me connais mal !

– On dirait que t'es jaloux, des fois.

– Fais attention à ce que tu dis ou je vais me fâcher. Je ne suis pas jaloux parce que j'ai une belle philosophie de la différence, de l'autre. Je ne m'attache plus, je vis au présent.

– OK.

– Elles l'ont repris, ton vélo ?

– Non. On a essayé, on a même porté plainte. J'ai été convoquée au commissariat mais la procureure a classé l'affaire sans suite : absence de délit. C'est mon vélo.

Bon, c'est ça qu'on doit appeler l'esprit d'équipe.

50. *Méchamment rock'n'roll*

Tu attends le réalisateur Bruno Dumont, pour qui tu as composé la bande originale de son film *Jeanne*. Il veut te parler d'un rôle dans son prochain film. T'es embêté. Tu voulais bien faire une petite apparition, comme pour *Jeanne*, mais de là à endosser un vrai personnage, tu ne t'y attendais pas ! Tu n'as aucune envie de faire l'acteur. À choisir, t'aurais préféré mettre en scène et écrire des films. Mais le cinéma t'a toujours semblé un étau à l'encontre de tes horaires.

– Je veux t'inviter. Viens ! Vincent Lindon sera de la partie.

– Je bosse…

Oui, moi, ce soir, à 18 h 15, tandis que vous dînerez entre artistes reconnus, je commencerai ma journée de caissière. Un quart d'heure plus tard, je rappelle : « Finalement, je viens. Je dirai que je suis malade ! »

« Je suis confus, m'expliques-tu alors que j'enfourche mon vélo, la fiancée de Vincent arrive beaucoup plus tard que prévu et il va la chercher à la gare. On ira dîner tous les trois mais si tu préfères, reste cool chez toi, tu peux. Besos. »

Franchement, je m'en fous de Vincent Lindon. C'est toi que j'aime. Et je suis contente de revoir Bruno. Son existence traîne dans ma mémoire, comme une promesse… On verra.

Quand j'arrive, Bruno est déjà là, assis à gauche de la table de poker. La première fois qu'on s'est vus, c'était le contraire : j'étais venue récupérer mon vélo le lendemain de notre virée à l'ICP mais tu m'avais oubliée, si bien que mon arrivée avait surpris tout le monde. Tu faisais chanter Lise Leplat Prudhomme pour la BO de *Jeanne*. Elle se tenait devant le micro dans ton dos, toi aux manettes de ton navire, Bruno assis à droite de la table juste derrière Lise. Il me jetait des regards de côté et sans qu'on m'y invite, j'avais pris place à gauche donc.

Tu lui fais écouter ce fabuleux morceau que tu peaufines pour ton prochain album. Les paroles sont encore en yop, sauf le refrain, lancinant, que tu garderas dans la version finale : Qu'est-ce que tu veux / que je te dise encore / ououou / mais qu'est-ce que tu veux / que je te dise encore… » Et cette phrase qui émerge soudain : « pourquoi ne veux-tu pas te blottir dans mes bras ? ».

Vous discutez des textes de ton prochain album et Bruno suggère une écriture qui s'affranchit du sens, comme le faisait Bashung dans ses chansons, des paroles impressionnistes en quelque sorte. Il me prend à parti, c'est gentil. Je dis « oui, oui », je fais mine d'avoir tout compris. J'aurais bien aimé qu'on fasse l'audio-bio tous les trois… Mais tu es mort et Bruno n'est jamais revenu.

Dans le taxi qui nous emmène chez Suave, le petit viet rue de la Providence, dans le XIIIe, Bruno et toi poursuivez votre discussion.

– Je fais mes voix chez moi, lui confies-tu.

– Tu contrôles.

– Oui, et donc ça se ressent dans le son.

– J'ai besoin de contrôler aussi mais je travaille avec d'autres personnes. Il y a des choses que je n'sais pas faire… Il faut accueillir l'autre et parfois, c'est compliqué. C'est ce que tu disais sur la difficulté de collaborer.

– Mais moi, je les contrôle bien, les autres. Ce que j'entends chez eux, qui me plaît, c'est c'que je n'ai pas pu faire. Le reste ne m'intéresse pas du tout.

– C'est très intelligent de définir la part de chacun : là où tu commences, là où tu t'arrêtes. C'est comme l'amour. C'est de la chimie. Y a des affinités électives et des affinités qui ne le sont pas. Va voir l'exposition de peinture « Le Talisman de Sérusier ». Tu vois vraiment comment la peinture symboliste est née à partir de Cézanne. C'est exactement ce qu'on entend dans ta musique, c'est pareil.

Tu te tournes vers moi :

– On ira, tu veux ? Mais je ferai un effort ! Enfin, un double effort ! Tu sais pourquoi ? Je vais rarement dans les expos, sauf si on m'ouvre les portes la nuit, à moi seul. J'ai horreur de me trouver devant une œuvre d'art avec d'autres pèlerins à côté de moi. Tu ne peux pas mélanger l'émotion avec quelqu'un.

51. *Interview 2*

– Moi, je suis un autodidacte. Je ne sais pas lire la musique. J'ai pris des cours d'observation. J'écoute le silence, le bruit, tout ce que tu veux, alors que Bruno, il a fait des études, c'est un professeur de philo, quoi ! On est à l'extrême ! Tu sens qu'il est bien avec moi, non ? Il est bien ! Il veut que j'aille tourner dans son film, que je refasse la musique…

– Tu vas la faire !

– En courant. J'croyais pas du tout qu'il allait me demander de refaire la musique.

– Oh, moi je le savais.

– Ah bon ?

– Oui.

– Je crois qu'il aime vraiment ce que je fais, lui.

– Il aime vraiment ce que tu fais.

– T'as écouté les chansons que je lui ai fait écouter : elles sont fortes, hein ?

– La première, j'adore. Et l'autre, j'ai hâte d'entendre la mélodie. Je l'imaginais…

– La deuxième, elle va faire très, très mal, tu peux même pas imaginer ! Sur dix chansons, j'ai cinq cartons sur cet album.

– Il en faut dix !

– Non, parce que je veux mettre du rock électro. J'veux mettre trois chansons rapides sur le prochain, j'ai décidé. Très rock, à la Vega quoi. T'inquiète.

Concilier le travail prosaïque que j'exerce et les vertiges de la vie avec toi est un exercice plus difficile qu'il n'y paraît. Je fais le grand écart entre deux mondes et parfois, j'ai l'étrange sensation qu'aucun n'est le mien. Heureusement que je t'ai trouvé.

52. Départ pour Grasse

7 mars 2019, je finis à 17 h 30 mais tu décrètes que nous partons à 17 heures. Pour quitter le ciné trente-cinq minutes plus tôt, je négocie une faveur au directeur en échange d'un peu de soumission, il en raffole. De toute façon, j'aurais tout planté pour que tu ne partes pas sans moi. À 16 h 55, je saute sur mon vélo ; je grille tous les feux rouges qui longent le boulevard Saint-Michel et je finis ma course en grimpant les escaliers au pas de course. Je sonne. J'ouvre. J'ai les clés. Je rentre essoufflée et glorieuse, il est 17 heures tapantes ! T'es en pyjama et ni Doudou ni Amélie ne sont arrivés.

– T'as couru ?

– Oui. J'avais peur que tu partes sans moi… À cause de Clémentine.

– Mais non, ma chérie, c'est moi qui décide.

Pour Grasse, on a préparé un texte autour d'*Aline* mais certains passages ne te conviennent plus. Tu crains de briser le rêve de tes fans et « faut pas toucher aux rêves ». Tu évoques la maman d'Aline. Pas Aline Natanovitch, à qui tu as emprunté le prénom pour ta chanson, mais Aline Bastin, morte à vingt-neuf ans dans une rame de métro lors de l'attentat de Bruxelles en 2016. Elle portait ce prénom à cause de ta chanson. « J'ai une responsabilité vis-à-vis du public », dis-tu.

Sur la route, Clémentine ne cesse d'appeler : elle veut t'attendre dans ta chambre d'hôtel, mais avant un concert tu dors seul. Si une de tes amoureuses est du voyage, une chambre lui est réservée : une fille dans ton lit, tu ne pourrais pas t'empêcher de lui sentir le cul et forcément, le lendemain, tu serais claqué. Les concerts te mettent dans un état particulier et tu ne peux donner ni avant ni après.

Elle est certaine que si la première nuit m'est réservée, elle disposera des suivantes.

Tu as beau lui assurer qu'il n'y a rien de sexuel entre nous, elle ne te croit pas. Mais c'est vrai. Nous vivons un amour platonique qui me protège de la jalousie et des demi-mesures.

Pour cohabiter au mieux avec ton harem, j'ai décidé d'aimer les femmes qui t'entourent ! L'exercice n'est pas des plus faciles et dès le lendemain, alors qu'elle nous attend au théâtre, prête à en découdre avec moi (c'est dans ce genre de situation que l'on perçoit les limites du yoga et de la méditation), je tente de mettre en pratique ma bonne résolution. Je parviens rapidement à établir une atmosphère respirable et pour ça, je lui signifie sa suprématie. À ma mère – tu as acheté deux places pour lui permettre d'assister au concert avec moi, parce qu'il n'y avait plus d'invitations –, je la présente en ces termes : « Voici Clémentine, l'amoureuse de Christophe. » Ça l'adoucit et la jalouse maîtrisée, je te rejoins dans ta loge. Tu es avec Maud. Vous préparez ton prompteur. « Tu vas être génial ! On t'aime toutes les trois et tout est résolu entre moi et Clémentine. » Tu me fixes avec stupeur : tes grands yeux, que je perçois derrière tes lunettes bleues, s'écarquillent. Alors je te colle un baiser sur la joue. Tu dis à Maud, comme si j'étais transparente : « C'est avec elle que je veux être, elle seule. Mais elle ne veut pas. »

Je réplique :

– Non, c'est pas une bonne idée. Sinon on se battrait avec Clémentine alors que là, tu vois, on est toutes amies.

– Elle est méchante, t'écries-tu.

53. Un nom d'amour

– *Tes reproches perpétuels à ce sujet, ton obsession à essayer au moins une fois, nous tourmentaient tous les deux. Mais bizarrement, ça n'a jamais entamé la joie que j'éprouvais en ta compagnie. Dès que la crise passait, notre idylle bizarre reprenait son cours sans nuages. Aujourd'hui, je me demande parfois si je n'aurais pas mieux fait de foncer tête baissée. De tout accepter, tout donner, comme tu l'exigeais. Vendre mon âme, mon corps, me perdre dans ton plaisir jusqu'à disparaître. Ignorer cette peur… Parce que tu m'appâtais quand même.*

– *Ah, dis pas des trucs comme ça ou je vais me fâcher.*

– *Si. Et je t'ai vu faire avec les autres. Tu me tentais, tu me tentais tellement. J'aurais pu passer outre les apparences et te désirer vieux et fané, beau de toi sur ta peau abîmée qui roulait comme une vague dans ma main… Mais après, j'aurais dû accepter les autres filles. Me mettre dans les rangs.*

– *Il n'y aurait eu que toi. Tu aurais pu être mon dernier amour, mais fallait qu'on essaie au moins une fois.*

– Tu n'es pas l'homme d'un amour et tu me plais comme tu es, avec ton castel d'amoureuses qui te lassent dès la seconde nuit. C'est ma résistance qui t'aimantait : je ne voulais pas te lasser comme les autres. Et cette sorte de chantage que tu faisais de mon corps ! Ça me révoltait. Nous deux, c'était un piège. Mais un beau piège. Je n'avais aucune envie de te quitter. Mon fils dit que j'aimais surtout me croire de la caste des privilégiés parce que tu me faisais profiter de tous vos avantages. C'est vrai. Et j'aurais pu en profiter bien plus encore. Qui ne serait pas tenté par ce luxe, cette vie-là ? Mais je voulais surtout créer toutes ces choses qui nous animaient, le temps que dure cette féerie entre nous. Parce qu'on s'aimait.

– Oui, ma chérie.

– D'ailleurs, cet amour a un nom : dilection, tu connais ?

– Non.

– La dilection est un amour tendre, purement spirituel, que l'on porte à un être que l'on a choisi, que l'on préfère. Je te préférais, je te préférais vraiment.

54. *Le fou garou*

10/03/2019 10 h 34
Au lit après la folie, des histoires me traversent la tête !
[...]
Tu vois, c'est pour ça que je voulais qu'on vive au lit tous les deux.
Ce serait complètement dingue si on était plus proches.
[...]

Demain, on rentre à Paris mais pas ensemble. Clémentine a pris ma place dans la voiture. Après le restaurant, au moment de se séparer pour la nuit, je lance : « Peut-être à demain. » Tu réponds froidement : « Non, toi tu ne rentres pas avec nous. » De toute façon, je n'ai aucune envie de me coltiner ma « rivale » huit heures durant dans un habitacle de quatre mètres carrés.

Tu as l'impression de te faire avoir si je ne te donne pas mon corps. Je comprends, tu sais. Tu me donnes tellement de tout, d'amour, de rêves, de luxe et de possibilités… Tu mérites quelque chose en retour… Tu mérites mon amour et je n'ai pas autant de cordes que toi pour l'exprimer.

Parfois, tu répètes, comme une menace : « J'ai pas besoin de toi, j'ai pas besoin de toi. » Ben oui, je le sais que tu n'as pas besoin de moi, qu'est-ce que tu crois ? Mais peut-être que moi, j'ai besoin de toi. On n'est pas égaux, on ne naît pas égaux. Je dis non, mais c'est toi qui diriges. Tu es le maître, je suis ton insoumise.

« Réclamer l'égalité, c'est faire l'impasse de la différence. Moi, j'ai un don ! » proclames-tu, évoquant le mouvement des gilets jaunes qui, à cette époque déjà, sévit tous les samedis. Tu as raison sur ce point, mais quand même, on pourrait partager.

Forcément, tu retombes assez vite dans tes travers. De retour à Paris, tu m'ignores. Tant que Clémentine est chez toi, c'est normal cela dit, je m'impatiente vite. Avec elle, ça ne se passe pas forcément bien. Il faut dire que les portraits des autres filles pullulent dans ton appartement. Je la défends un peu, je me demande bien pourquoi !

– En fait, t'es une sainte. Mais t'es un voyou aussi. Dans les extrêmes.

18/03/2019 03 h 00
Bon !!!! On bosse quand ? J'ai trop hâte.
J'y arrive pas quand tu es là. Suis cash... Je le sais maintenant...
À distance non plus...

[...] Tu veux le faire avec Clémentine ?
On y arrivait bien tous les deux.

Non ! Tu délires BB.
Clémentine elle a son taf.
[...] J'attends Bruno qui m'a écrit : je bosse.
Moi, je fais les coups cash, bb.
Suis pas de la famille des relous du show-biz [...]

Ah, je savais pas que Bruno était en concurrence avec moi. On peut travailler tous les 3, non ?

En concurrence ??? Reprends-toi Bénédicte !
Sinon je vais me fâcher avec toi si tu écris ce genre de textos relous...
Sois à l'écoute - je t'ai dit que je lui envoyais.
À Grasse

20/03/2019 15 h 34
Tu sais, j'ai réfléchi. Fais la pièce avec Dumont ou qui tu veux. Je ne veux plus travailler avec toi non plus parce que tu me prends et tu me balances au gré de tes envies. [...] Mais j'aimerais être ton amie. Et écrire un roman d'amour bizarre sur toi...

Un an après cet épisode et quatre mois après ta mort, ça me rend furieuse d'y repenser. Parce que c'est faux que tu n'y arrives pas. Toi et moi, c'est une affaire qui roule. Ça fonctionne à merveille. Et Bruno nous aurait aidés.

C'est un allié, Bruno. Il est carré. Il nous aurait recadrés, c'est son boulot. Forcément, nous, on déborde un peu, lâchés sans garde-fous. Mais avec Bruno, on aurait fait un tabac. Tu aurais été merveilleux. T'aurais pris du plaisir sur scène et tout le temps, je t'aurais aimé et je t'aurais aidé à aimer les autres femmes.

55. *Un endroit bancal*

Dès que Clémentine se taille, tu m'appelles à la cour et j'accours. En une seconde, tout est effacé. Tu es mon espérance. Et tu l'es toujours.

Nos crises ne laissent pas de traces. On se chamaille, on se réconcilie. J'accepte tout de toi et en échange, tu acceptes de ne pas me toucher. M'aimer sans me toucher, c'est une belle preuve d'amour venant de toi. Si t'étais vivant, tu pourrais me rétorquer : « Coucher avec moi aurait été une belle preuve d'amour venant de toi. »

Alors ça recommence. Après le ciné à minuit, je te rejoins. On essaie des mots, on gratte des idées. On boit du vin blanc en croquant des grosses olives pimentées. Sur les coups de 4 heures, on va dîner chez Denise, des plats bien gras. Je ne suis pas payée. Tu me le proposes, mais je ne veux pas. J'attendrai de signer avec la production quand le spectacle tournera. Tu as l'habitude d'acheter la dévotion, de rétribuer l'amour et les faveurs des filles. Je veux mon propre succès, je veux être riche par moi-même.

Durant ce mois de travail, on avance, même si tu te décourages souvent : « C'est pas moi qui ai écrit ça, ça a été retouché. C'est pas mon phrasé. Ça me prend trop de temps de tout réécrire, bébé ! »

Tu voudrais que le texte te soit livré sans qu'il y ait une virgule à changer. Quand je dors, parfois tu reprends les textes, tu t'égares, tu les perds… Le matin, je te les renvoie. Tu doutes de toi et je t'encourage. J'ai vraiment envie de le faire avec toi, ce spectacle.

56. *Maman*

Ce soir, boulevard du Montparnasse, on parle des premières femmes de ta vie.

– Ta mère était une grande amoureuse. Elle chantait l'amour avant toi, non ? C'est elle qui t'a donné envie de faire de la musique ?

– Ce qui m'a donné envie de faire de la musique, c'est une belle et grande lessiveuse dans laquelle ma grand-mère lavait les draps blancs. Je me mettais dedans et je faisais des trucs avec ma voix, je tapais sur les parois. Ça produisait comme un écho. J'avais six, sept ans et ça résonne encore dans ma mémoire. J'étais émerveillé. Puis j'ai découvert le piano grâce à tata Do. Tous les soirs, elle venait dîner chez ses parents et avant de passer à table, elle jouait Chopin, Beethoven… J'ai dix ans quand je touche pour la première fois un piano, et je le démonte !

– Et la chanson, c'est ta mère ?

– La chanson, c'est ma mère. Et Elvis ! J'ai commencé à chanter des chansons d'Elvis, le pur génie, dans les bars en tapant le rythme sur les tables !

– J'aimerais bien que tu me parles de ta mère.

– Elle s'appelait Régine Quinternet. Une Bretonne, petite, blonde. Les yeux verts. Elle chantait tout le temps, et toujours du Piaf. À dix-huit ans, elle conduisait des cars de Vitry à la gare de Juvisy. C'était une « championne de cars » en 1950. C'est après qu'elle est devenue couturière. Elle était forte, elle pouvait faire n'importe quoi. Elle participait à de nombreux concours d'élégance. Elle se fabriquait la robe qu'elle portait le jour du concours, et avec l'argent gagné elle achetait des voitures. Je l'accompagnais et, très jeune, j'ai vu défiler des voitures astiquées, plus belles les unes que les autres.

C'était une femme tellement bizarre, ma mère. Dans la famille de mon père, personne ne l'aimait. Elle souffrait terriblement parce que mon père était un séducteur, un tourne-cœur, toujours avec ses maîtresses…

À dix ans, j'étais marqué, je passais des nuits sans dormir à cause des cris de mes parents. J'me faisais souvent la malle.

J'allais dormir chez mes grands-parents ou chez tata Do pour ne plus entendre les cris. Une fois, j'avais dix ans, je dormais chez ma tante. J'ai fait semblant d'être malade, avec de la fièvre, tout ça. Alors elles ont commencé à bavasser et j'ai appris plein de choses cette nuit-là. J'ai appris des histoires à propos de mon père, qu'il s'était fait la boulangère, la marchande de tissus, d'autres trucs comme ça…

Un jour, c'était avant le divorce, on revenait de l'école avec mon frère Gérard et la porte de la maison était fermée à clef de l'intérieur. Gérard a fait le tour de la maison. Il est revenu, il a dit : « Ça sent le gaz. » Je n'aime pas en parler mais… Les pompiers l'ont trouvée dans la cuisine…

Elle était plus qu'évanouie... On ne savait même pas si elle était morte. Ils n'ont pas dit un mot. Rien.

Puis on est allés la voir dans une maison de repos où elle est restée enfermée un an et demi.

Tout se savait dans Juvisy. Je me souviens, une fois, à l'école, un mec m'a dit : « Ta mère, elle s'est suicidée. » Les autres mômes en parlaient dans la cour de récréation. En banlieue, tout le monde sait ce qui se passe chez les autres et les gens ne sont pas bienveillants. On me narguait. On m'appelait le Rital et on me parlait de ma mère...

57. *Le tourne-cœur*

C'est à cette époque qu'apparaît Estelle. Tu es descendu quelques jours à Grimaud et à cette occasion, tu l'as croisée. Elle s'est fait sucrer son permis et tu lui prêtes ta Twizy. Elle est jolie, Estelle, alors ton grand amour sans attaches, tu l'accroches à ses beaux yeux. T'as envie de l'attraper, tu sors le grand jeu. Tu veux la faire venir à Paris, à l'hôtel, tous frais payés.

Estelle, c'est un gros poisson, t'es pas sûr de conclure. Tu l'approches doucement. Elle est sauvage mais elle te chauffe. Parfois, je supervise les SMS que vous échangez. Je suis ta conseillère en drague ! Elle t'envoie des photos dénudées et tu te réjouis comme un enfant, trop fier de faire plier les jolies filles. Elle a des beaux seins et Amélie dit : « Oui, mais ils sont refaits. » Je ne trouve pas ça très réglo de nous montrer les photos que t'envoient tes amantes. Pour te défendre, tu répliques : « Ça dépend des filles. Celles d'Amélie, je ne les ai jamais montrées. »

J'ai l'impression d'assister à la cour débridée que tu m'as faite et ça me déconcerte. Les filles changent mais ta passion reste intacte. Les femmes sont juste la mèche qui met le feu.

Tu sais, je ne te juge pas. Toi, tu ne renonces jamais à l'amour même s'il est décevant. D'ailleurs, les histoires ratées sont tes préférées. « Le jour où tu voudras, c'est peut-être moi qui ne voudrai plus », m'as-tu avisée plusieurs fois. Voilà, ce jour est venu, j'ai laissé passer mon tour. Fini la vie de princesse et les voyages au Vietnam, mais on ne se quitte pas pour si peu.

Je renonce aux biens, au confort et à la vie facile, mais pas à toi. On s'aimera comme je veux, chastement. Tant pis pour les privilèges de première dame.

Nous sommes dans une impasse, alors Estelle m'apparaît comme une providence. À elle le sexe et les cadeaux, à moi la tendresse et la création. La paperasse et l'intendance resteront la propriété d'Amélie. En vérité, les femmes qui t'entourent ne se font pas d'ombre !

Déchue de ce piédestal amoureux, notre bonne entente résiste. Tu me prends toujours la main dans le taxi, tu m'appelles « ma chérie ». Je peux tout entendre, tout accepter. Je suis soulagée de ne plus alimenter ta passion et reconnaissante que tu m'aimes au-delà de ça. Je mentirais en prétendant n'éprouver aucune nostalgie…

58. *Les jours où rien ne va*

06/05/2019 22 h 10
Bonsoir ma Bénédicte. [...]
[...]
Je pensais que je n'avais plus de désir pour toi...
En fait ça ne me lâche pas !!
Ça grandit follement de ne pas dormir avec toi.

07/05/2019 09 h 38
Mais arrête Christophe... Je viens en concert jeudi, après on verra.
Dors bien.

07/05/2019 12 h 47
On en avait parlé c'est vrai - mais on a bossé depuis ?
Non ! Puisque j'avais des problèmes –
Je n'ai même pas répondu pour Flammarion - plus envie - c'est ma décision. Bonne route (sur ton vélo).

On a plusieurs trucs à tester... Mais si ça te fait du mal, évidemment, je ne veux pas continuer non plus... Écoute, j'ai posé mes jours : je suis prête. Si tu changes d'avis, dis-le-moi. Je pense à toi.
Bisous

C'est bien Amour que tu comprennes –
J'ai senti ce que je devais t'écrire une dernière fois –
J'ai eu du mal à me dire qu'on n'irait plus tous les deux rue Blomet, etc.

07/05/2019 19 h 09
Tu vas jouer les passages qu'on a travaillés ? La boîte à sons ?

???? T'es folle ou quoi ? Ou tu ne me connais pas… Comment veux-tu que je sache, là ! Au moment où on s'écrit !

Si tu les joues, tu me diras quand même si ça s'est bien passé ? Et oui, je suis folle. Tu ne me connais pas ou quoi ?

J'ai parlé de me connaître…
Bien sûr que je ferai mon prompteur, mais la partie je ne l'ai pas moi. […] Je n'ai plus rien ! Je n'ai plus d'ordi. Phone ?

08/05/2019 14 h 39
C'est bizarre quand même de rejeter quelqu'un qu'on dit aimer et qui t'aime en retour ; de mettre fin à un travail qui se dessinait prometteur pour un moment de dépression… Que je n'ai pas causé en plus. C'est pas ma faute si ton ordi a planté ! Et si tu aimes changer d'avis quand ça te chante, les autres aussi […] sont vivants et capricieux, déprimés ou inspirés… Et libres ! Il faut que je m'en souvienne : je suis libre et j'ai du pouvoir ! Au moins celui de me mettre à genoux quand ça me chante. Et ne dis pas que je ne comprends rien !

08/05/2019 14 h 39
Tu sais où j'habite si t'as besoin de parler comme ça… Si tu comprends rien et que t'as envie que je t'explique - Je suis là, moi.
Passe un soir, je t'attends.

09/05/2019 22 h 52
Tu sais, je ne viendrai pas. Tu as pris ta décision. Tu m'as plantée ce week-end. Tu ne me respectes pas. Tu te moques de mon travail et de ce que je t'apporte… Tout est dit.

Bonne route (avec les 2 drivers). Gilles va te recontacter pour ta bio. (Fâche-toi si tu veux, c'est toujours mieux que d'être déprimé.)

59. 9 septembre 2020, *Lita*

– *Il y a eu un hommage pour toi à Grimaud, le 30 août. Le pont des soupirs où tu amarrais ton bateau est baptisé* Les mots bleus, Christophe. *Ça te fait plaisir ?*

– *Oui.*

– *J'ai voulu faire quelque chose pour toi. Dire quelques mots… Mais d'abord, faut que je te raconte mon voyage jusqu'au port. Tu veux ?*

– *Ben oui.*

– *À la gare, le chauffeur du bus m'a interdit de monter avec mon vélo et je me suis tapé Saint-Raphaël-Grimaud sur mon pliant rouge. J'avais le mistral en pleine face. Je n'avançais pas. Plusieurs fois, j'ai pensé que j'allais faire un malaise ou pire, avoir un accident. Les pompiers débarqueraient alors qu'en plus, j'étais en arrêt maladie.*

Puis j'ai pensé que si tant d'obstacles se dressaient entre nous, c'est que tu me mettais à l'épreuve. Alors j'ai pas lâché, tu vois. Je suis arrivée pile-poil à 16 heures, pour les essais sons. Amélie voulait que je monte jusqu'au village, 4 kilomètres de plus sur une pente ascendante mais j'ai refusé : je bouge plus d'un poil, j'ai dit. Bien sûr, à 16 heures, personne n'était là. Sauf Doudou. Je l'aime bien, Doudou. Sa présence m'a réconfortée.

Les autres sont arrivés super à la bourre et il n'y avait

qu'une sortie son. Il m'en fallait deux : j'avais imaginé une sorte de dialogue entre nous, sur Lita. *J'ai couru dans Grimaud 2 chercher une prise jack. Ma robe bleue était comme lacérée de traînées salées ; ça faisait des vagues parce que je m'étais baignée en route et j'avais enfilé ma robe sur le maillot mouillé pour arriver à l'heure. Je me sentais bien dans ces effluves de mer. J'étais salée et négligée.*

« Non, sale, a protesté Amélie. Et Christophe aimait les femmes élégantes ! Quelle honte de se présenter dans cet accoutrement ! »

Oui, je me suis présentée sale de vent, de mer et de douleur pour te parler d'amour.

On a tous embarqué sur des bateaux et on s'est retrouvés devant le pont avec le maire, une partie de ton staff et tes amis de Grimaud. Amélie a fait un discours, puis ça a été le tour d'Augustin qui a lu un extrait du Parfum *de Süskind, puis Carine (la meilleure amie d'Amélie) et enfin, moi… Y avait un drôle de silence quand j'ai parlé sur ta chanson… Forcément, c'était sexuel ! Parce que faut pas déconner, t'étais le plus grand obsédé sexuel que je connaisse.*

Julie et Mathilda ont ricané tout le temps de la chanson et à la fin de mon petit laïus, Amélie m'a lancé un regard stupéfait. Personne ne s'attendait à ce que je fasse un truc pareil. Comme une audace.

Après, on a lancé des roses blanches sur Les mots bleus *et pour finir, une chanson en ta mémoire signée Mathilda qui, par modestie – tu sais comme elle est humble !!!! –, ne voulait pas être citée. Amélie m'en a parlé quelques jours plus tard. Nous dînions toutes les deux dans un restaurant du village de Grimaud quand elle a enfin formulé ses reproches.*

« Est-ce que finalement, vous avez couché ensemble ? » a-t-elle demandé. Amélie a pris la place de ta dernière com-

pagne dans ta bio post-mortem. La place qu'elle n'a pu obtenir de ton vivant, ta mort lui a offerte. « Ton truc, c'était un numéro parisien parfait pour le Silencio. Pas un hommage pour Port-Grimaud. » Merci pour le compliment ! Et elle a ajouté : « Bravo ! Christophe a dû bien rigoler de ta tirade maladroite. Ça a dû lui plaire ! »

60. *Tu te moques*

15 mai 2019, Amélie m'appelle au cinéma. Pour les quatre dates à Paris, au Théâtre de la Porte Saint-Martin, elle me propose de la seconder au merchandising. Elle maquillera Laetitia et Mathilda. Quelqu'un devra rester derrière le stand. « Tu veux le faire ? » J'accepte. C'est difficile de renoncer à ton univers après que tu m'en as ouvert grand les portes. Et tu me manques. Tout me manque. Les odeurs, la légèreté, ton amour…

Quelques jours avant le premier concert, je te demande une « enveloppe ». D'abord, tu fais mine de ne pas comprendre. Je précise : « Pour le boulot. » Tu me réponds : « Vois avec Amélie, je ne m'occupe pas de ça. »

Oui, toi, tu es un artiste. Parler d'argent te donne des vapeurs !

61. Théâtre de la Porte Saint-Martin, 21 et 22 mai

Après avoir avancé qu'il n'y avait pas de budget prévu pour me payer, Amélie m'a concédé 50 euros par soirée, à prendre ou à laisser. La balle est dans mon camp ! J'accepte, gênée d'exiger ce maigre salaire. Au théâtre, je m'obstine à tenir le rôle qui m'est dévolu dorénavant et je considère Amélie comme ma boss.

Toi, tu n'existes plus, monsieur le prince de la nuit. Sitôt le concert fini, je me taille. Les employés ne mangent pas avec le prince de la nuit, à peine s'ils osent lui adresser la parole. D'ailleurs, je ne te parle plus. Sitôt l'estrade et les articles rangés, je monte dans les loges prendre mes affaires et je me tire, sans même un baiser. J'enfourche le vélo que tu m'as offert, et je trace jusqu'à chez moi comme une dingue. Tu me regardes te fuir, dépité.

La situation m'est pénible car s'il me plaisait d'aider Amélie quand je t'accompagnais pour la pièce de théâtre, être réduite à cette tâche me blesse. Je déteste vendre. Je déteste les commerçants. Mais je vends, je vends des tee-shirts, des broches, des CD et des vinyles…

La récompense, c'est que je peux aller et venir dans le théâtre comme bon me semble. Les concerts sont beaux et tes invités se succèdent pour présenter les duos du double album *Christophe, etc.*, dont seul le premier disque est sorti pour l'heure. Laetitia fait un numéro de pole dance sur *Daisy*, Chrysta Bell chante *J'l'ai pas touchée* dans une robe de diva, Mathilda fera les quatre soirées sur *Océan d'amour*, Raphaël rend hommage à Mélanie, etc. Arno ne vient pas et décline toutes tes propositions, ce qui te chagrine beaucoup. Plus tard, Sophie, son amoureuse, nous confiera qu'elle n'en pouvait plus de nous cacher le cancer d'Arno, mais elle lui avait promis de ne rien dire. Toi, tu prends son absence pour du désamour.

62. La résolution

23/05/2019 04 h 59
Je voulais savoir quand on va à la philo rue Blomet.

24/05/2019 20 h 20
C'est passé la philo sur Sartre… Il reste une dernière séance en juin.

Pas gentille.
T'aurais pu me dire, non ?

Mais tu ne voulais plus me voir ! Et c'était le 14, t'étais en promo.
« Le bonheur, c'est de continuer à désirer ce qu'on possède », saint Augustin.

Dans la semaine, je fais le deuil du spectacle. L'enchantement qui me saisissait quand je m'imaginais créer avec toi s'est mué en décision : je renonce à nos créations et je me consacre aux miennes. C'est plus simple. Dorénavant, je ne m'investirai plus dans ce travail. Je ne te donnerai plus mon temps et mon engagement sans limites. Vivre près de toi pendant toutes ces nuits, ces voyages pour les concerts et sur le voilier, ces homards arrosés de champagne, les hôtels 4 étoiles, mon bel iPhone et mon vélo, ton blouson en peau de mouton que Véro ne pourra pas vendre aux enchères, les restaurants et les rêves insensés justifient largement le temps que j'ai passé sur ton histoire. On est quittes. La page est tournée. Je regarde devant nous.

63. Prénom Christophe

28 mai, dernière soirée au Théâtre de la Porte Saint-Martin.

Une heure avant le spectacle, Clémentine débarque, le décolleté jusqu'au nombril, condescendante et ravie du sort qui m'a été réservé. « Tu fais quoi ? crâne-t-elle, obséquieuse. T'es caissière dans un ciné, c'est ça ? » Elle est coincée dans le hall, ce qui motive cette conversation, car dès 19 heures la porte d'accès à la scène et aux loges est condamnée. Je lui propose de l'accompagner, je connais un passage secret. « Viens, je t'amène aux pieds du roi ! » Mais elle refuse catégoriquement. Seul un vrai membre de l'équipe peut l'escorter. Du coup, elle n'arrête pas d'appeler Maud, très occupée, pour qu'elle vienne la chercher. Elle poireaute une bonne demi-heure et peste toute seule. Eh oui, pas facile d'être une princesse !

Après le concert, je suis seule dans le hall, coincée au *merch*. Personne ne vient chercher les invités pour l'after-show et je demande aux vigiles du théâtre d'accompagner ceux qui ont le bracelet. Pour les autres, je décide. Dans le lot, un gars qui travaillait pour toi il y a quelques années insiste pour rejoindre les loges. Il me montre des SMS que vous avez échangés pour me convaincre. À l'époque, il assistait ponctuellement Marie-Pierre, qui se disait ta manageuse, un titre qu'elle s'était attribué parce que t'as jamais eu de manageur. Elle a démarré comme amante et a continué de travailler avec toi après votre séparation. Elle était sur tous les coups : l'intendance et les papiers, les relations publiques et presse. Elle t'avait presque convaincu de divorcer de Véro qui, pour se venger, l'attendait en bas de chez toi pour la planter ! C'était chaud !

Les gens, tu les balances quand tu te sens trahi. Tu l'as balancée. Elle t'a fait un procès. Elle l'a perdu. Elle a fait appel et t'es mort. Fin de partie. C'était après la sortie de ton album *Les vestiges du chaos*.

Le *merch* rangé, je rejoins les loges. Tu es très gai. Tu jubiles de plaisir assis à côté d'une blonde, Shirley. Ta fille, Lucie, est là elle aussi. Elle ne s'adresse qu'à l'ami qui l'accompagne ; et tout, dans son attitude et ses regards, trahit le dégoût que ce manège et tes courtisanes lui inspirent. Quant à Clémentine, même si j'ai définitivement renoncé à l'aimer, je suis mal à l'aise pour elle.

Tu flirtes sous son nez avec toutes les jolies filles qui passent. Tu leur dis : « Viens, assieds-toi à côté de moi, ma chérie », sans plus lui prêter attention. Clémentine bout intérieurement, humiliée. Pour ta défense, « Christophe », c'est un métier et tu tiens ton rôle à la perfection.

« Non, ma puce. Christophe, c'est un décollage ! Être toujours le même, tu t'lasses. » Flirter, c'est ta façon de faire plaisir ! Mais Clémentine ne l'entend pas de cette façon. Soudain, elle se lève et je pense qu'elle va claquer la porte ; mais non, elle revient quelques minutes plus tard, se rassoit et ne bouge plus de sa chaise. C'est dur de te quitter. Pour enfoncer le clou, tu répètes à la cantonade que dès demain, tu pars à Lille voir la mère d'une amie. En fait, tu rends visite à Marina. Tu insistes beaucoup, comme si tu voulais la mettre à bout. Tout, dans ton comportement, trahit ton intention : qu'elle te quitte. Et d'ici quelques heures, elle te donnera raison. Tu préfères passer pour un salaud que lui dire : « Je ne veux plus te voir. »

Il n'y a pas de séparation entre ta vie privée et professionnelle, et une sorte de hiérarchie « au mérite » ou « à l'amour » s'organise autour de toi. Les déchus veulent tous revenir.

Dans le cercle rapproché des intimes, ce n'est pas si facile de durer… À la droite du trône, la place reste vide et de la plus haute marche, toi, petit prince fragile et tyrannique, tu n'es jamais tombé.

64. *Les vestiges du chaos*

– *Pourquoi* Les vestiges du Chaos *t'ont donné tant de mal ?*

– *La maison de disques l'avait mis dans les mains de mes complices et ils pensaient qu'ils avaient tout trouvé, qu'ils pouvaient penser à ma place. Un musicien m'a dit – il se reconnaîtra : « Écoute, là on démarre un album ; mais laisse-nous faire parce que toi, t'as peut-être un peu perdu le truc. » J'oublierai jamais. Et j'ai envoyé chier tout le monde ! J'préférais être clodo à Tanger plutôt que… Plutôt que quoi d'ailleurs ?*

– Star à Paris ?

– J'ai touché le fond à cette époque, j'ai vraiment frôlé la dépression... Et en même temps, c'est bien, parce que j'ai jamais créé du son comme ça. Même au fond du trou, j'cherchais, j'cherchais... J'me suis vraiment battu pour cet album. Le son est venu du chaos. J'ai remonté la pente grâce à l'inconnu et à une rencontre, un gars très, très pointu en synthétiseur qui m'a dit : « T'as raison ! Ces trucs, c'est pas toi, c'est pas bon. » Cette rencontre a été lumineuse.

65. La valse des collaborateurs

06/06/2019 20 h 00
Je te manque un peu... ?

Oui !

08/06/2019 17 h 28
Bene - faudrait les clefs pour le vélo ! Je vais acheter un autre for me.
Bon WE.

OK. Ça va si je te les dépose demain en soirée ? Vers 20 h.

Demain je serai avec Chloé... Plutôt lundi ?

Et voilà, c'est reparti. La différence, c'est que maintenant je ne travaille plus avec toi, ni pour toi. Maintenant, nous deux, on se voit seulement pour le plaisir. Je me défais de nos projets d'un coup, comme d'un manteau subitement devenu trop étroit et ça nous libère tous les deux. On fait nos trucs chacun de notre côté. Tu continues d'utiliser sur scène les textes qu'on a travaillés ensemble ; et moi, je continue de profiter de tes largesses. On s'arrange bien.

Loin de nous séparer, ces nouvelles règles te rendent constant et dès ce moment, plus jamais tu ne joues avec moi à me prendre, à me laisser. Certes, quand tu veux attraper une fille, elle est prioritaire. Je comprends. Elle t'offre ce que je te refuse et je suis heureuse pour toi.

66. Le massage

Je sens qu'il faut que je fasse un pas vers toi, vers ce rapprochement de nos corps. Si je reste, je dois faire un pas. Je reste. Alors je te propose de te masser. Le rituel démarre en juillet. Pour l'occasion, j'arrive tôt, à 18 heures, parce qu'un journaliste débarque à 21 heures. Tu sors du bain, nu. Tu sens bon. Je sors l'huile de massage à la fleur d'oranger, une serviette blanche. Tu te couches en travers du matelas. À la tête du lit, il y a une grande glace. À droite, ton vidéoprojecteur. Souvent, tu laisses tourner un film sur le mur. Des fois, tu coupes le son. Une bougie brûle, les huiles essentielles habituelles se diffusent dans l'air et embaument tout l'appartement. La lumière est tamisée, très douce. Je prends la séance en main. « D'abord, sur le ventre. »

Tu te retournes. Je pose la serviette sur tes fesses. Je commence par tes pieds, que j'enduis d'huile, puis les jambes, les cuisses. Tes fesses, petites et rondes, tu insistes pour que je les masse ; alors je les prends à pleines mains, une dans chaque. Tu n'en reviens pas. T'as un cul tout rond de petit garçon et soudain, je pense que ce serait comme le corps de mon enfant, ton corps.

Tu me regardes dans la glace et on se sourit. Pour le dos, je m'assois sur tes fesses mais sans peser. J'étudie l'architecture de ta colonne vertébrale, les grains de beauté, les côtes gonflées, les reins bloqués…

– Tu me dis si t'as mal.

– Oui, ma puce.

– Là, t'as un nœud, tu sens ?

Doucement, tu frottes ton sexe sur le matelas… Je continue de te malaxer sans y prêter attention, consciencieusement, tout ton corps. Je m'applique pour te faire plaisir, te guérir. J'aime bien jouer les guérisseuses. Je lance quelques incantations qui t'éblouissent, mains tournées vers le ciel. Si tu crois que je te guéris, tu guériras.

– T'aimes mon massage ?

– Oui.

– Tu te retournes, maintenant.

Sur le dos, tu me regardes. Tu as ce doux regard, tu sais, quand tu es attendri et heureux.

Je reste concentrée sur ma mission. Je veux te faire un massage inoubliable, quelque chose que je sois la seule à t'offrir et qui nous lie pour toujours.

Je commence par les mains cette fois. J'aime bien tes mains, petites et pleines de taches brunes. Très douces, comme ton âme de soie. Puis je passe aux avant-bras où ta peau est si fragile que le moindre frottement te blesse. Tu t'es suicidé treize fois. Sans commentaire. J'observe ton corps délicat, les côtes saillantes qui renferment tes poumons malades, le ventre tendu. Jamais tu ne te plains. Tu es doté d'une force exceptionnelle qui te fait habiter ce corps épuisé comme si c'était celui d'un titan. Ta poitrine est la seule partie de ton corps où il y a de la graisse. Tu me dis que Clémentine adorait ta poitrine, elle la malaxait tout le temps.

– T'en as autant que moi !

– Salope !

Tu bandes beaucoup. T'es une vraie bête de sexe. Tu bandes plus qu'un homme de trente ans en pleine forme et ça te travaille tout le temps. Obsédé. Ça m'impressionne, tu sais ! Tu dis que dès que tu me vois, tu bandes. Heureusement, tu as les autres pour décharger. Demain matin, Clara t'amène les croissants et tu seras excité ce qu'il faut pour l'honorer. Je suis ta coach sexuelle : ton Viagra ! Du bout des doigts, j'entraîne ta virilité sans toucher ta queue.

– Tu sens ?

– Oui, tu me tends, bébé.

Je suis assez fière d'avoir trouvé une place dans ta sexualité sans qu'il y ait de sexe entre nous. Malgré mes refus, j'ai l'impression de te satisfaire. À ma façon. Pour finir, je prends ta tête entre mes cuisses et je masse ton crâne, ton petit visage d'oiseau rongé par la cortisone, doucement, tu es cassable comme de la porcelaine. Tu as un bouton qui ne part pas sur la tempe, à gauche, caché par tes cheveux. Une sorte d'abcès que le médecin voulait gratter mais il est profond, l'intervention laisserait un trou béant. Alors tu te soignes avec de l'aloe vera. « Tu me le mets, ma chérie ? »

Je prends la tige dans ton frigo, je coupe une tranche. Il ne faut prendre que la pulpe au milieu. Le latex sous la peau de la plante est toxique. Je fais attention. Je ne voudrais pas t'empoisonner.

« Je vais pas me laver, garder l'odeur sur ma peau, dans les cheveux. Tu veux que je te masse aussi ? Je masse bien. »

67. Les grands hommes

Après le massage, place à la promo. Les interviews ont lieu à ton domicile, autour d'un verre. Tu aimes te raconter. Je prends part aux discussions quand je suis là. Une fois, alors qu'Amélie nous accompagnait, j'ai dû m'enfermer dans la cuisine avec elle pour vous laisser débattre entre grands hommes. C'est beaucoup plus amusant quand on est tous les deux ! Personnage central de ton existence et de ceux qui t'entourent, tu fais de toi une légende. Parfois, c'est étouffant !

« Méchante ! »

Au Sourire de Saigon, on décide qu'à la fin du mois, je t'accompagnerai en concert sur l'île de Ré. Après, on tracera à Port-Grimaud et je resterai quelques jours sur ton bateau. On ne se sépare pas !

– Je pourrai dire que tu es ma copine, là-bas ?

– Et j'aurai l'air de quoi, quand tu dragueras des filles devant moi et que je devrai aller dormir ailleurs ?

– Juste d'une fille libre et large d'esprit.

– Bon, si tu veux.

Tu appelles Laurent, ton producteur, et il nous rejoint au restaurant. Tu lui dis : « Elle vient sur l'île de Ré », et

Laurent approuve. Un peu plus tard, alors que tu nous racontes une anecdote dont tu viens tout juste de te souvenir, tu me dis : « Tu notes, tu notes ? »

Je réplique, en désignant ton front :

« T'as qu'à le noter dans ta tête ! »

Tu me regardes, bouche bée.

« Ben oui, je suis en vacances maintenant ! Tu le fais avec Julie ! »

Je sens que j'y suis allée un peu fort. Un autre que toi, artiste de ton niveau, me remettrait à ma place mais tu ne relèves pas. Laurent, qui assiste à cet échange, me dit un peu plus tard :

« Tu sais, moi, je ne gagne pas d'argent avec Christophe mais tout le monde me connaît. On m'appelle, on vient me voir, juste parce que je travaille avec lui. Je n'ai plus besoin de démarcher personne. On vient me trouver. »

Laurent semble croire que notre désaccord est lié à des histoires d'argent.

Avec le recul, le ressac de ta mort qui n'en finit pas de m'interroger, je comprends que je t'ai blessé. L'amour sans conditions, c'était fini si je réclamais ma part du gâteau !

Avant ça, tu pouvais croire que je n'étais là que par amour.

68. La liste

Tu as tellement aimé que tu ne penses plus qu'à ça : mon massage.

« Après dîner, tu me masses !? »

Tu es en forme. L'été arrive et un nouvel album grandit en toi. Il sera beau. On écoute le prologue, un montage de toutes les chansons, comme une symphonie.

« Oui, ma chérie, tu comprends tout. »

Et puis, tu as une nouvelle copine, une Black sublime, Gwen.

T'as fait une liste de tes compagnes actuelles et il y en a neuf. Le chiffre te réjouit mais sait-on jamais, tu cherches si tu n'en as pas oublié une. Dix, ce serait encore mieux.

Je suis sidérée par ta candeur. Un petit garçon qui compte ses voitures. Mais après tout, pourquoi devrais-tu t'astreindre à n'aimer qu'une femme quand tu peux en aimer cent ?

Tu n'as pas d'âge : vieux sage la nuit, d'une puérilité étonnante le jour. Tu énumères les noms de ta liste et surprise, je suis dedans. Je te fais remarquer que si je suis dans ta liste, tu pourrais ajouter Amélie, mais là, tu te défends : « Ah non, non, pas Amélie ! »

Puis tu me demandes si je connais Lili, une des filles de la liste. Elle travaille dans un restaurant et elle est folle de toi. Seulement, tu ne la désires pas. Elle insiste pour venir te sucer des heures entières alors qu'elle ne te fait pas bander. Tu acceptes, par altruisme. « Tu comprends, je vois bien que ça la rend heureuse. » Pourtant, elle est belle, Lili. Elle te rendait fou avant que tu ne l'attrapes mais depuis que tu l'as chopée, elle te dégoûte.

Tu voudrais que moi aussi, je fasse preuve d'un peu plus d'altruisme. Que je te laisse une fois, une seule fois, me toucher et peut-être plus, si ça me plaît. Après, promis, on ferait notre création, ça tu l'as toujours su.

C'est vrai, je ne suis pas très généreuse sur ce point, pourtant je t'aime : tu es devenu essentiel à ma vie et je te trouve beau, même si t'es vieux.

– T'es gentille.

– Mais peut-être que moi aussi, je te dégoûterais, si tu couchais avec moi !

– T'es folle, ma chérie.

– Surtout que je ne suis pas experte en fellation !

– Haha.

Maintenant, je dois avouer un truc et c'est délicat. Je ne te l'ai jamais dit, et à moins que les morts aient des oreilles, tu ne le sauras jamais. J'ai ressenti de la passion pour toi et c'était charnel. Tu as su créer cet état en moi. Toi, vieux, tout déglingué, ridé, qui me parles sans cesse des autres femmes et me demandes de quitter ton lit pour y coucher Estelle ou une autre, je te désire. Je ne te désire pas en te regardant. Je me défends de te désirer, et ma tête a plein d'arguments pour m'en détourner. Mais mon corps, lui, tient un tout autre discours. Je te désire et ça me stupéfie. Et comme tu me parles de tes amantes, Chloé, Gwen, Estelle qui te chauffe de plus en plus et pour qui tu craques complètement, je suis tentée, vraiment tentée : « Allez, vas-y, laisse-toi faire, ferme les yeux et plonge… Christophe, couche-toi sur moi ! »

« Tu seras riche », souffles-tu, comme si tu devinais mes pensées.

Puis tu me parles de Marina. Avec Marina, un désir fou vous liait. Vous vous jetiez l'un sur l'autre et vous baisiez comme des bêtes, par terre, là, dans le salon. Pas le temps d'aller jusqu'au lit. C'était bon ! Je m'imagine me jeter au sol avec toi, rouler sous le piano et embrasser tes lèvres en te disant que tu es beau, le plus beau du monde. Et penser soudain que ton torse déformé, ton crâne dégarni, ton visage sculpté dans l'or du temps, sont mille fois plus désirables que les épaules de Marlon Brando.

Tu te décris toujours comme un amant fougueux mais avec ton petit corps brisé d'abus et de cortisone, je n'arrive pas à t'imaginer me baisant sauvagement. Je parle crûment, c'est plus simple. Je me débats avec cette envie qui gonfle, gronde comme un volcan.

69. *Au bout de nos nuits blanches*

Un soir, on rentre éméchés d'un concert. Tu veux que je te masse. Encore ! Après tu travailleras, t'as du boulot ! Tu es le seul sur qui je peux compter, alors je m'évertue toujours à répondre favorablement à tes demandes. Depuis que tu es apparu dans ma vie, je suis plus sereine. Heureuse, même. Et en cas de coup dur, je sais que tu es là. Si les huissiers veulent me jeter à la rue, tu paieras ma dette sans rien exiger en retour. Sans me juger. Et à ma façon, je me soumets à tes désirs même si, sexuellement, je te résiste.

Tu es sur le dos, mes mains sur ton torse, tu me confies que t'as quelque chose à me demander. Tu t'es imaginé une petite mise en scène dont tu veux me parler. T'as pas arrêté d'y penser.

– Je peux te dire ?

– Vas-y.

– Lorsque tu me masses le torse, je te regarde et ça m'excite. La dernière fois, je me suis imaginé quelque chose. Ce que je préfère, c'est ton visage, ah ouais, alors quand tu es à ma gauche, là, j'aimerais que tu poses ta tête sur ma poitrine, je te regarde et je me branle. T'as rien à faire. Je jouirai tout de suite, bébé, t'auras même pas besoin de me toucher. T'es d'accord ?

Ces confidences arrivent à la fin de notre petite séance, il est très tard, 3 ou 4 heures du matin et t'as du travail, moi de la route. « T'y penses, bébé… Tu crois que tu peux me faire ce cadeau ? Et après, on bosse, on écrit tous les deux. On fait nos créations. Je te le promets. »

Tu cherches une façon de satisfaire ton désir sans me forcer. Pas à pas, tu m'apprivoises. L'intimité physique que tu me demandes, je la comprends. Elle participe de mon engagement vis-à-vis de toi, elle est le signe de l'amour que je te porte. Tu endures mon refus sans presque me le reprocher, sans peser sur moi. Pour autant, tu n'en finis jamais de vouloir me soumettre au désir impérieux qui te traverse.

– T'aimes le cul, bébé ?

– J'aime l'amour.

– C'est pas ce que je t'ai demandé !

Tu disais que l'amour, c'était surtout une histoire de plaisir. Mais entre nous, ce n'était pas que ça.

Contrariée, je mets mes chaussures. Les massages, c'est fini !

70. *J'ai entendu la mer*

27/07/2019 21 h 17
Estelle arrête pas de m'écrire.
Elle veut me rejoindre sur le bateau dès le début.
Je pouvais pas prévoir !
Quand Estelle vient, je suis seul avec elle. […]

Bon OK, pas de souci, je suis contente qu'elle te rejoigne.

C'est pas ce que je te demande - Je pouvais pas prévoir...
Ça tu comprends.

Oui.

Jusqu'au dernier instant, je crains que tu annules ma venue. Tu n'as pas de contrat avec moi et même si tu en avais un, tu n'aurais aucun scrupule à le rompre. Mais tu as tout organisé : je pars avec Doudou, à 15 heures, le 4 août. Tu partiras dans la nuit, avec ta Porsche et Amélie. On fait un détour par l'île de Ré pour ton concert au phare des Baleines et le lendemain plein cap vers le sud.

La première journée est consacrée à ton installation sur le bateau. Après le déjeuner chez Amélie, je pars avec elle faire les courses et Doudou t'accompagne sur le voilier, avec tout le matériel indispensable à ton studio d'enregistrement flottant.

Amélie est toujours très prompte à te satisfaire. À peine émets-tu un vœu qu'elle le réalise. Je suis plus fainéante, plus encline au plaisir et là, mon plaisir, c'est de me pointer sur le parking du supermarché avec ton bolide. En route, je lui dis, comme elle organise toujours tout pour toi :

– En fait, tu es son assistante.

– Non, je suis une amie. J'ai été sa compagne pendant six ans. Tu le sais, non ?

Je le sais d'autant plus qu'au retour de Grasse, dans le train, on avait longuement discuté et pendant cinq heures on avait fait l'éloge de ta magie. C'est pour ça qu'elle n'était jamais parvenue à s'éloigner. « Je voulais faire ma vie avec Chris mais il n'a pas voulu. On veut toutes vivre avec lui. »

En route vers le supermarché, elle poursuit : « Donc tout ce que je fais, je le fais en tant qu'amie. Il ne me paie pas. » Elle ressent tellement de fierté à avoir été ta compagne ! Que tu l'aies aimée ! Je ressens parfois la même chose. Comme si nous étions élues.

Après les courses, le plus important est de calfeutrer complètement le hublot de ta cabine avec du kraft noir. Tu as besoin de l'obscurité totale pour dormir. Et demain, on fixera les prises et les instruments sur la table du carré, pour que tu puisses travailler sans que tout valdingue et se casse en naviguant.

71. Les vacances

On sort en mer avec Amélie et Zébulon. L'ambiance est détendue, joyeuse. Fatigué de ton année, tu te délasses. Le soir, on reste au port. On dîne à La Grimaudoise avant de rentrer sur le voilier comme si on rentrait à la maison. Tu travailles quand je m'endors. Tu dors quand je me réveille. J'aime bien nos matins très doux, très calmes, chacun poursuivant ses rêves en se frottant les yeux. Tu te questionnes beaucoup sur ton rapport aux femmes.

– Une fois, j'ai su que ma compagne m'avait trompé, j'ai ramé, deux jours, et j'ai accepté. Mais j'étais triste. Les êtres humains ont un problème à l'idée d'être quittés. Juillet est arrivé. J'ai pris ma Rolls-Royce, mes bagages et j'ai filé. Je suis descendu à Aix-en-Provence chez mon pote Dédé parce que j'aime les endroits chauds, j'aime le soleil. Je jouais aux boules avec Dédé quand une petite bombe est apparue. Elle s'appelait Neu. Elle était trop belle. J'étais toujours amoureux de ma compagne mais j'attendais qu'elle revienne… Elle savait où j'étais. On n'avait pas de portable à l'époque, il fallait qu'elle m'appelle.

Un soir, en septembre, le téléphone a sonné. C'était elle : « Si tu viens pas, je vais me jeter par la fenêtre. »

La meuf qui dit qu'elle va te quitter !

« Attends, calme-toi, j'ai répondu. T'es bien, là, dans la maison à Antibes. Tu sais, moi, j'ai ma vie ici maintenant. Tout a changé. »

J'étais très, très dur. Je voulais qu'elle morfle, tu vois, alors j'en rajoutais.

Ça faisait quoi, trois mois qu'elle vivait sa vie. Pas devant Lucie parce qu'elle n'aurait jamais fait ça, et ma fille l'aurait mal pris…

Véro m'appelait tous les jours et répétait : « Faut que tu viennes parce que je vais me jeter par la fenêtre. »

Mon pote me disait : « Putain, faut pas que tu déconnes là. Elle va se suicider. »

J'l'aimais, j'avais envie d'y aller, mais fallait que je lui donne une leçon. Un soir, j'lui dis : « Écoute, ce soir, je serai à la maison, parce que j'ai trop envie de revoir Lucie. »

J'suis arrivé avec ma Rolls à 7 heures du soir. Ma fille m'attendait. Elle était mignonne ! C'était fort, dur. Véronique aussi me manquait. J'avais envie de la baiser parce qu'avec elle, on s'éclatait. On est allés manger à Mougins ensemble et après, j'l'avais en main. À partir du moment où je suis revenu, on s'est plus quittés ! Ah, ça a été long, là. J'avais abandonné toutes les autres meufs. Et moi j'aimais son père, tu sais. Et son père m'adorait. Le Chinois m'adorait.

J'ai pas assez parlé à Lucie à cette période. J'aurais dû lui parler plus. Elle avait sept ans. Elle a peut-être pas compris… Tu sais, Lucie, elle planait. Elle était tout le temps en train de sourire, un vrai bonbon. Elle a été comme ça jusqu'à vingt-deux ans. Quand je me suis tiré, elle a flippé. C'est fou. C'est vrai que c'était une môme très, très sensible, ça je le sais. Oui, à l'époque, j'aurais dû lui expliquer. Être accro à ma passion m'a fait passer à côté de beaucoup de choses.

72. *Ange sale*

Et puis, un soir, de retour au port, on boit l'apéro avant d'aller dîner quand à 22 heures Estelle t'envoie un message : elle veut que tu la rejoignes à Saint-Tropez. Tout de suite. L'amour t'appelle et tu n'y résistes pas.

Quand je me lève, sur les coups de 11 heures, tu m'as laissé un message.

> 10/08/2019 08 h 08
> On sort avec Estelle en bateau. J'ai demandé à Amélie de ne pas venir. C'est mieux.
> Tu partiras ce dimanche, bb.
> On dort nous, maintenant.
> Fais pas trop de bruit. Merci.
> RDV 13 h.

Vous dormez encore lorsqu'Amélie, dépitée, me rejoint sur le voilier. Elle partage avec Estelle la même meilleure amie, en plus de toi maintenant, et tient logiquement cette dernière pour responsable de son éviction : « Tu comprends, je lui ai présenté Christophe. Elle est sur mon terrain. » L'expression m'interpelle. Le sens de la propriété, c'est héréditaire : ses parents sont des propriétaires terriens, elle a ça dans le sang.

Un peu avant 13 heures, vous vous levez. Je suis dans le cockpit et tu m'appelles. Tu fais les présentations. Estelle est douce et amicale. Pour une fois, je ne ressens pas de rivalité. Elle te sert, lave les tasses laissées dans l'évier, vaporeuse et légère dans une robe blanche et fleurie. Ça y est, c'est elle la maîtresse de maison. Tu la regardes avec tendresse.

Devant les femmes et les artistes que tu admires – devant un nouvel instrument, un nouveau son –, tu t'émerveilles. Tu vis dans un enchantement permanent, découvrant tout pour la première fois. Elle a juste dormi avec toi mais elle est la prochaine « première fois ».

À ton âge, séduire une femme est un art dont tu fais métier. L'exercice t'excite et t'inspire follement. Les filles sont intéressées par ton statut, ton argent, tu le sais. C'est avec ça que tu les appâtes. Mais tu nourris l'espoir qu'elles t'aimeront juste pour toi. Tu ne les juges pas. Tu ne juges jamais personne. En bien ou en mal, t'aimes pas parler des autres dans leur dos. Je t'admire.

– Je suis pas à leur place et je les connais pas.

– Ben oui, voilà !

À 14 heures, Zébulon nous rejoint et on prend la mer. Estelle s'installe sur la banquette du cockpit avec des magazines féminins. Plongée dans ses délassantes lectures, elle ne nous prête plus attention. Ce matin, au réveil, elle semblait à l'aise mais depuis que nous naviguons, elle est gênée.

Je vous laisse en tête à tête et m'installe à ma place

préférée, sur le pont avant. Quelques minutes plus tard, tu me rejoins. Elle t'ignore, alors tu la laisses vivre. Je m'inquiète qu'elle soit jalouse de notre complicité mais toi, tu t'en fous. Tu respectes les autres, leur besoin de s'isoler ou de se taire.

Dès qu'on mouille, je plonge. Je n'ai que quelques jours de soleil et je les embrasse des deux bras. Je suis heureuse près de toi, et presque exclusivement heureuse avec toi. Un quart d'heure plus tard, je remonte sur le pont et comme on parle de manger un peu, Estelle sort enfin le nez de ses magazines. Nos regards convergent vers la mystérieuse qui s'assoit silencieusement sur la plage de bain. Elle trempe ses pieds dans l'eau. Dans son maillot noir zippé, elle ressemble à une James Bond girl. Tu en as le souffle coupé. Tu la rejoins, tu t'assois à un mètre d'elle, comme si tu voulais que vous vous baigniez tous les deux.

Tu plonges, elle reste sur le bord. Mais c'est pour elle que tu te jettes à l'eau ! L'échelle de bain est mal foutue et il faut se hisser à la force des bras pour remonter sur le bateau. L'exercice s'avère de plus en plus difficile et même si Zébulon l'a bricolée, tu ne t'y risques pas souvent. La belle reste sur le pont, alors tu remontes. C'est le moment qu'elle choisit pour plonger à son tour.

Au fil des heures, des nuits, Estelle devient plus tendre. Quand elle s'absente quelques heures, tu me fais part de l'avancée de votre romance. « Elle m'a dit “À ce soir, mon amour” », t'étonnes-tu, complètement chaviré. « J'suis un peu trop amoureux, là ! » Chloé revient dans ta vie. Marina t'écrit. Elles veulent toutes venir sur le voilier !

Estelle tique un peu quand tu tentes de lui refiler des tee-shirts en coton achetés sur Amazon et trop grands pour toi. À la grimace qui passe sur son visage, je comprends exactement ce qu'elle veut… Mais au fond, quoi qu'en pensent les juges, c'est beau ce que vous vous donnez ! Même si vous ne vibrez pas à l'unisson. Une femme, c'est un son. Une vibration. Et Estelle te donne le frisson.

« Je pensais pas que je l'attraperais », me confies-tu, heureux.

L'argent, tu t'en fous. Il n'y a que l'amour qui compte ! Tu le distribues. À Véro, à Lucie. Aux femmes qui te tournent la tête un jour ou pour toujours. Tu confies une carte bleue à Estelle pour qu'elle ne manque de rien. À Chloé, qui est interdite de bateau, tu fais des virements bancaires. Tu donnes tout et ça te rend heureux. Car oui, à la fin de ta vie, tu étais heureux, plein de projets, d'envies et d'amour.

73. *Comme un interdit*

L'amour, c'est l'espace et le temps
rendus sensibles au cœur.

Proust

Le samedi soir, mon dernier soir, après avoir mangé des pâtes à l'encre de seiche, on embarque des bouteilles de vin blanc pour poursuivre la soirée sur le voilier. On allume une bougie. Les effluves de pierres humides et d'orange se mêlent aux vapeurs iodées. T'aimes bien jouer les DJ, alors tu revisites ta playlist.

À ta demande, chacun notre tour, on cite une vieille

chanson française qu'on aime bien. Je lance *La chanson d'Hélène* dans *Les choses de la vie*. Estelle choisit Céline Dion. Tu enchaînes avec *Ton style* de Léo Ferré, que tu aurais voulu écrire. L'année prochaine, tu te mettras aux platines. Tu as plus de projets que de temps mais qu'importe, tu ne penses jamais à la mort. Le tintement fragile des clochettes en haut des mâts, le claquement de l'eau sur la coque des bateaux, battent le rythme des chansons.

Estelle, qui n'a presque pas dormi, tombe de sommeil et sur les coups de 2 heures, elle part se coucher dans ta cabine.

Je veille avec toi.

Le ciel est pur, étoilé. C'est très romantique. « L'instant, c'est la résonance de l'inconnu… » On écoute Piaf, Suicide, Lou Reed…

Quand *You are so beautiful* de Joe Cocker s'élève de ta Marschall portative… je ne peux pas m'empêcher de penser que c'est pour m'adresser un message que tu l'as choisie.

L'atmosphère se charge d'étincelles, comme lorsqu'on est très amoureux, tu sais, à l'aune d'une grande passion d'âme à âme. Toi, tu ne recules jamais devant l'amour. Tu es courageux, le plus courageux des hommes que je connaisse.

Quand le soleil se lève, tu décrètes que c'en est assez ! Titubante d'ivresse et de sommeil, je rejoins ma cabine.

Tu ranges les verres, je me prépare à dormir, quand je sens une présence. Dans la descente, la porte amovible dans les bras, tu m'épies à travers le hublot. Nos regards se croisent… Tu te détournes aussitôt, mais j'ai vu ton trouble. Tu rentres dans le corps du bateau, tu replaces la porte amovible du voilier avant de rejoindre la James Bond girl qui dort dans ton lit.

Tous ces moments sur ton bateau font partie des meilleurs que nous ayons partagés. Des moments silencieux, beaux comme un recueillement.

74. La grâce

Tu rentres le 2 octobre.

Depuis que tu convoles avec Estelle, tu m'appelles « amour » à tout bout de champ. « Amour, tu crois que je peux sortir à vélo ? Gwen est là ? Amour, tu veux venir avec moi en concert ? Tu viens dîner, amour ? Tu te souviens sur quel concert j'avais fait des essais avec un Raconte qui marchait pas mal ? Amour, où j'ai mis mon livre ? Tu me masseras cette semaine ? Toi, tu me mouilles… Tu croyais que tu serais tranquille ? Haha… »

Pour être honnête, je suis contente que tu ne me laisses pas tranquille ; et même, je serais triste que tu ne me désires plus. Je n'suis pas nette. Pas normale. Comme toi. Et je trouve que malgré nos failles et nos impossibilités, on est drôlement chanceux de se connaître. Parce que dès qu'on est ensemble, on est heureux.

On se retrouve chez toi. Je te sens anxieux, à cran. Tu es très fatigué, amaigri. L'emphysème. T'es sous antibios. L'amour et la mer n'ont pas eu l'effet escompté, cette année. Les femmes, ça ne te réussit plus autant qu'avant.

« Le ciné qu'on se fait, ça marche pas toujours, bébé… »

Tu m'apparais si démuni parfois.

À un moment, tu te tiens devant ta console, accoudé, le menton posé sur la main, et tu t'assoupis. Puis tu reviens brutalement à toi. Je fais semblant de n'avoir rien vu. Je te masserai, tu verras, tu te sentiras mieux. T'es toujours en pyjama – « J'ai même la flemme de me reposer », blagues-tu. Alors ce soir, on reste à la maison. On passe commande au traiteur libanais. Il a cette expression amusante en me découvrant : « C'est la nouvelle madame ? » Il a dû en voir défiler.

T'as fait plusieurs infarctus. Tes poumons sont pourris. Ça t'énerve qu'on te dise « Prends soin de toi ». Ça t'énerve parce que si tu prenais soin de toi, tu ne ferais plus rien. Si tu prenais soin de toi, tu ne pourrais plus aimer et chanter avec autant de dévotion et de grâce. Alors tu brûles tes dernières cartouches avec le sourire.

La grâce est le stade ultime de la beauté.

75. Ailleurs

La mort, tu dis ne pas y penser ; mais les derniers mois, elle se présente à nous, envoie des signes. D'abord, il y a eu cet appel du labo. Pour les concerts, les assurances, tu dois te prêter régulièrement à une batterie d'examens. Le cœur, ça va, mais ton bilan sanguin présente une anomalie suffisamment inquiétante pour que le labo s'en alarme.

Moi, je fais un rêve étrange. J'assiste au mariage de ma mère. La cérémonie a été organisée dans l'urgence car elle est mourante et nous lui cachons son état. Elle avance vers l'autel, rajeunie et méconnaissable, ignorant ce qui se trame dans son dos. J'observe tout, aux côtés de mon père qui l'attend, impatient et heureux. « Elle est prête ? Elle est prête ? » répète-t-il sans cesse. Je ne sais pas quoi lui répondre. Mes grands-parents maternels sont là eux aussi. Puis je me souviens qu'ils sont morts tous les trois… Alors je me demande : « Qu'est-ce que je fous du côté des morts ? »

08/10/2019 17 h 29
Le doc m'a arrêtée une semaine, je vais pouvoir décompresser. Ça va toi ? Bisous.

Tu dînes en bas avec moi ?
Moi antibio... Suis fatigué.

Tu te souviens sur quel concert j'avais fait des essais avec un Raconte qui marchait pas mal ?

Oui, quand tu racontes Aline, et que tu finissais par Cette vie-là, à Grasse.

T'avais essayé finalement le texte Résonance avec la machine à explorer les sons... Tu te souviens ?

Non.

Je passe dîner demain plutôt, là j'suis patraque encore.

Demain je pars.

Tu pars à quelle heure ?

Viens.
Je pars demain 22 h.

Viens demain ?

08/10/2019 20 h 57
OK, je te dis si je viens avec toi.

08/10/2019 22 h 26
Au concert ? Wahooo

Ben oui
Tu y vas avec qui ?

Doudou et toi bb.

76. Sur les pas de Jeanne

« T'as apporté ton ordinateur ? » demandes-tu quand j'arrive.

Tu veux qu'on prépare un extrait du futur livre pour demain. Je t'aime… Alors dans la voiture, on s'y met. Et puis, j'ai toujours l'espoir de faire un truc grandiose à tes côtés. Tu le sais, tu en joues. Moi, je joue du désir amoureux que je t'inspire. Tu n'es pas un ange, pas un cadeau, comme tu dis ; mais la lumière dans tes yeux est encore ce qui m'illumine le mieux. Si je devais n'y gagner rien d'autre, ce serait déjà beaucoup.

On poursuit la préparation du concert dans ta chambre d'hôtel. Couchés sur ton lit, on fait défiler tes souvenirs. On s'entend bien. Tu sais me parler, je sais t'écouter. À l'aube, je pars me coucher. Toi, tu seras encore en train de modifier le fil de ton prompteur quand quelques heures plus tard, je déambulerai dans Rouen sur les pas de Jeanne. Nous sommes las ; mais de se lasser ensemble, on ne se lasse pas.

À ton réveil, vers 16 heures, je te ramène, en même temps que ton petit déjeuner, une bougie de Jeanne d'Arc.

J'ai arpenté Rouen sur les traces de la petite sainte, visité la vieille ville, la cathédrale, la place du Vieux-Marché où elle a été brûlée vive. Tu te plains qu'elle soit en plastique plutôt qu'en verre, ma bougie, mais tu la garderas, comme tout ce que je t'ai offert. Tu restes marqué par ta participation sur le film de Bruno Dumont, et Jeanne te manque. Elle est ta connexion avec Dieu ; et du réalisateur, tu dis avec étonnement : « Bruno, c'est un vrai ami. »

Au moment de partir au théâtre, je te rejoins dans le hall. La production n'a pas voulu payer ma chambre. Ça te contrarie et moi plus encore : déjà qu'ils ne me paient jamais, c'est la dernière fois que je gratte à l'œil.

– On a travaillé ! t'exclames-tu à l'intention de Doudou.

Saint-Étienne-du-Rouvray, 10 octobre 2019.

– Et je remplace Amélie, surenchéris-je.

La situation est tellement gênante pour l'hôtelier qu'il brade littéralement le prix de ma nuit.

Doudou revient, dit : « C'est bon, c'est réglé », mais tu refuses. Tu sors ta carte et tu paies.

Grand seigneur.

77. Cloclo et les filles

Au retour, dans la voiture avec Doudou, tu évoques tes vingt ans.

– J'ai vécu des bagarres sur scène parce qu'à l'époque, à mon époque, les filles montaient sur scène. Y en avait un paquet, ah ouais, y en avait deux cents qui montaient en même temps. Dédé était obligé de faire le ménage autour de moi. Dédé, c'était mon assistant à la période d'*Aline*. Comme Doudou sauf qu'à l'époque, c'est moi qui conduisais. On avait la DS, la Jaguar, mon Austin… Quand on partait, les filles encerclaient la voiture et la basculaient. On pouvait pas partir, quoi. Ça me faisait rigoler. J'avais vingt ans et on attrapait des meufs de tous les côtés. Claude François, ça ne le dérangeait pas non plus. C'était son truc. Claude, c'était un mec super mais fallait qu'il t'aime. C'était une star. C'est pas facile, la célébrité. Des trucs ont été écrits sur lui pour dire que c'était une peste. Mais il pouvait, parce qu'il en avait chié ! Je l'ai bien connu et quand il aimait quelqu'un, il le laissait pas dans la merde. Comme Johnny. C'était un mec très, très généreux. Le contraire de ce qu'on entend dire.

À un moment, il voulait toujours que je fasse son américaine. Il disait : « Moi, je veux l'Italien. » Je disais oui parce qu'on s'éclatait. Et j'étais fou d'une clodette, une italo-vietnamienne… Elle avait dix-sept ans et *pfff*… Elle me rendait fou. J'ai pas pu l'avoir à cette époque mais au début des années 1980, je vais chez Dani, la chanteuse, me reposer dans sa petite maison là-haut, du côté de Vaison-la-Romaine. Un endroit magique. Elle me dit que la fille vient passer quinze jours à la maison. C'était en 1982, elle avait quinze ans de plus et quand elle arrive, putain, c'était une bombe. Elle était encore plus belle qu'à dix-sept ans. C'est chez Dany que j'l'ai attrapée. J'ai mis du temps, hein ? C'est pour elle que j'ai écrit *J'l'ai pas touchée*.

78. *Un peu menteur*

On est arrivés en retard au concert de Keren Ann, à l'Olympia, et nos places à l'orchestre ont été données. Après maintes pérégrinations, l'ouvreur nous installe dans une loge juste au-dessus de la sono. Je passe une bonne partie du concert à me boucher les oreilles ; mais toi, tu es doté de boules Quies naturelles. T'as une manie : pendant un an, tu laisses la cire s'accumuler dans le conduit auditif de tes oreilles. Quand le son se ouate, tu vas chez l'ORL pour qu'il te retire le cérumen. Alors ton ouïe retrouve la sensibilité de celle d'un enfant. Les sons redeviennent subitement purs. T'adores cet instant.

Après le concert, on se dirige vers le backstage. Une longue file d'attente se forme et on fait la queue, comme tout le monde. Tu discutes avec une artiste, Sophie Calle, quand le régisseur t'apostrophe : « Christophe, venez, dit-il. Madame aussi. »

Tu le suis, un peu surpris, et on grille toute la file, sous le regard curieux des autres spectateurs. Les égards que l'on te porte t'impressionnent toujours malgré des décennies de célébrité, alors tu camoufles ta pudeur par un regain de frime. Je marche derrière toi, mesurant le privilège de t'accompagner.

Dans le bar presque vide, enhardi, tu déclares à la ronde : « C'est ma femme, Bénédicte. » Ça doit être une formule magique parce qu'ils sont tous aux petits soins avec moi.

En fait, tu n'es pas le roi des menteurs. Tu es le roi des joueurs.

79. Boulevard du Montparnasse, après ta mort…

Je fais toujours la même route pour venir te voir. Je prends le boulevard Saint-Michel, je tourne à gauche, boulevard du Montparnasse, je monte sur le trottoir et je stoppe net devant ta porte.

Au début, il y avait des photos, des mots, des fleurs coincées le long de la porte en fer forgé… Mais c'est fini. Ta mort est consommée.

Le code d'entrée n'a pas changé. La porte est lourde. Je la pousse. Dubitative, je regarde le hall vide : à gauche, le local à vélos ; à droite, la loge de la gardienne… C'est bien vrai que je ne te reverrai jamais ?

Un coup de pédale plus tard, j'emprunte la rue Campagne-Première. À l'angle, je jette un rapide coup d'œil au troisième étage. Les lourds rideaux prune pendent encore aux fenêtres… Je trace jusqu'au cimetière du Montparnasse. Depuis le 18 février 2021, une dalle satinée noire est posée sur ta tombe. La vente aux enchères de tes trésors a engrangé 650 000 euros, lit-on dans la presse ! T'as gagné ton monument, pas encore gravé de ton nom. Et le 7 avril, Véro autorise la publication d'un texte – tes « mémoires » – par la dernière éditrice que tu avais contactée.

La mort transforme le destin des choses sans les effacer.

80. La voyante

Dans ta chambre, parfois, couchés en travers du lit, on écoute les prédictions de ta voyante. Cette fois, tu la consultes pour Estelle. Tu la soupçonnes de te cacher des choses.

« Tu comprends, avec une fille comme Amélie, j'étais tranquille mais avec Estelle... Tous les mecs qui venaient à la maison voulaient s'la faire. Moi, dans ce cas-là, j'ai un truc : je pars. Tu comprends ? »

La voyante voit tes amours dans les cartes du tarot puis te laisse de longs messages sur WhatsApp.

« On va écouter ensemble, tu veux ? »

Je m'abstiens de te contrarier mais je sais ce que ça vaut, ces prédictions : les gens paient pour s'entendre dire ce qu'ils veulent. T'es tellement crédule, des fois !

Sans surprise, la voyante lit dans sa boule de cristal les sentiments sincères qu'Estelle nourrit à ton égard : elle t'aime et veut vivre avec toi, dans ton appartement parisien. Le problème, c'est le père de son enfant... Ça te coûte 150 euros à chaque fois.

– T'en penses quoi, amour ?

– Bah, c'est peut-être vrai.

– Comment tu dis ?

– Comment j'dis quoi ?

– T'as dit : c'est peut-être vrai ?

– Oui.

Personne n'ose te dire que tu te fais mener en bateau.

– Tu veux la vérité ?

– Dis-moi, ma chérie.

– Elle t'aimait bien, Estelle, parce que t'es un type génial et adorable, mais elle ne t'aimait pas comme tu rêvais d'être aimé. Tu rêves d'une femme qui t'aimerait clodo et préférerait vivre misérable que séparée de toi. « Une femme qui aime vraiment un homme, dis-tu, elle l'aime dans tous ses états, riche ou pauvre, jeune ou vieux, qu'importe. »

On t'a trop souvent aimé pour ta célébrité.

81. Les femmes et l'argent

Tu vis au jour le jour. La richesse pour toi, c'est dépenser l'argent que tu n'as pas. S'il te reste 10 000 euros sur ton compte, tu peux les claquer sur un coup de tête. Tu flambes tout. Et quand tu aimes, tu ne comptes pas. Estelle a laissé une sacrée ardoise cet été, à La Grimaudoise. T'es bon client. Tu raques sans regarder l'addition mais tes comptes s'en trouvent sacrément allégés. En vieillissant, il te faut payer toujours plus pour baiser. La vieillesse n'épargne pas les hommes au cœur d'enfant, c'est comme ça.

En plus de toutes ces filles, tu entretiens Véro depuis des années. Tu lui as payé une maison. Chaque mois, tu lui verses une grosse pension. En 2019, tu prends même un crédit pour lui acheter une voiture. Tu la tiens à l'écart de ta vie mais tu subviens à tous ses besoins. Quel autre homme ferait ça ?

– Véro, c'est une fille qui a souffert. D'abord, j'étais pas un cadeau. Puis son frère Alain[1] a disparu, et pour finir elle est passée sous un camion avec ma Harley. Elle a gardé

1. Alain Kan est un chanteur français né à Paris le 14 septembre 1944 et disparu le 14 avril 1990.

des séquelles, elle boite, elle souffre. Alors tu comprends, j'ai pas envie d'en rajouter.

– Et pourquoi tu n'as jamais divorcé…

– Comme ça, elle me fout la paix. Quand elle m'emmerdait, je la menaçais de divorcer, ça la calmait.

– La pauvre !

Pour te remettre à flot, on dîne chez My Canh, ta cantine vietnamienne essentiellement fréquentée par les taximen noctambules. Tu demandes à Laurent de te trouver plus de dates de concert, à Bruno de lâcher plus de flouze pour la BO…

À soixante-quatorze ans, tu bosses pour subvenir aux besoins de tes femmes. Elles te coûtent un bras mais comme le dira un de tes éditeurs : tu flambes moins qu'au temps des belles américaines. Les flics t'ont bien puni en te retirant ton permis ; mais au moins t'as fait des économies.

Les femmes, ça coûte moins cher que les bagnoles ! Enfin un peu moins !

82. Tant que t'as la santé, t'es le roi du pétrole

À cette période, Maud, ta régisseuse, est enceinte jusqu'au cou et quand tu lui demandes d'aller chercher un instrument à l'autre bout de la ville, elle décline : « Je suis enceinte », s'excuse-t-elle. « Mais dans ce cas, elle n'avait qu'à refuser le taf. Quelqu'un d'autre l'aurait fait, quoi ! » t'écries-tu. Parfois, tu te sens dépassé. T'es crevé. Tu chutes tout seul dans ton appartement. Tu m'envoies les photos de tes blessures. « J'étais "envapé" de toi, amour. » Tu te couches à pas d'heure et la lune te donne des airs de loup-garou. Alors tu parles de te remettre aux boules : coucher à 4 heures, pétanque à 15.

– La pétanque, c'est un moment où je ne pense plus. Un moment où je me laisse complètement aller. En plus, j'ai l'impression de bouger mon cul.

– Et comme ça, on aura les mêmes horaires !

On met en place un nouveau rituel : l'aloe vera. Ta peau est très sèche dans le dos, alors je l'enduis de gel. Je fais un crochet par chez toi avant d'aller au ciné. Dans ta chambre, on parle dans la pénombre pendant que roulent mes mains sur ta peau de soie. C'est intime et doux. Du bout des doigts, je t'ensorcelle.

De nos corps-à-corps bizarres tu me dis, étonné : « C'est presque plus fort ! »

83. *Les ailes du désir*

En novembre, j'ai un accident. Une voiture poursuivie par la BAC des Lilas me percute de face, à minuit, de retour du cinéma. Je m'en tire avec quelques gros hématomes mais mon beau vélo est cassé.

Ma mère a moins de chance. À la même période, elle descend à Paris. Tousse. Le diagnostic tombe : cancer du poumon.

Je marche encore difficilement, alors tu viens me chercher chez moi. Dans le taxi, tu prends ma main :

– Tu veux que je vienne voir ta mère à l'hôpital ?

– Oui… Pour ta mère, ça s'est passé comment ?

– Vite. Elle allait mieux. Elle a quitté l'hôpital pour une maison de repos et là, d'un coup, son état s'est dégradé. Je suis allé la voir là-bas et au retour, sur l'autoroute, j'ai été pris d'une irrépressible envie de pleurer. J'ai dû m'arrêter sur la bande d'arrêt d'urgence parce que j'étais secoué de sanglots. Des gros spasmes, tu vois. Ça a duré longtemps, longtemps… Je me suis vidé. Depuis, j'ai enterré mon père, mon frère, mais je n'ai plus jamais pleuré. Des fois, je me dis que ça me ferait du bien, pourtant.

– Je ne peux pas m'empêcher de penser à tes derniers jours… Quand tu t'es réveillé seul, à l'hôpital de Brest.

– Pense pas à ça, ma chérie.

– Si, je veux y penser. Tu te réveilles loin de chez toi, loin de tout. Tu es seul. Et j'aurais voulu tenir ta main comme tu as tenu la mienne dans la voiture, quand on parlait des cancers de nos mères. Ça te plaisait de te sentir

seul au milieu des autres et je l'aimais bien, ta solitude. Mais pas ce néant d'amour qui t'a fermé les yeux.

Hier, j'étais au cimetière, et des gens faisaient la visite de ta tombe. Ils faisaient des commentaires : « Il habitait boulevard du Montparnasse, en face de La Closerie des Lilas » ; « Il jouait à la pétanque au Luxembourg » ; « La dalle a été posée il y a une quinzaine de jours seulement ; avant il n'y avait rien, rien »... Et moi j'étais là, assise dans l'allée, et je les écoutais. Et soudain, j'ai eu l'impression d'être dans ta peau de mort, écoutant et voyant tout des vivants qui ne nous voyaient plus. Comme dans ce film, tu sais, avec les anges...

– Ah oui, les anges qui reviennent sur Terre.

– Oui, c'est ça : Les Ailes du désir.

84. Le test

10/12/2019 09 h 35
Bonjour - peux pas te voir ce soir... Te dirai.

10/12/2019 11 h 37
Bénédicte - besoin que tu me rapportes mon vélo aujourd'hui ou demain plutôt - je me suis réglé pour aller aux boules, changer mon cycle.

10/12/2019 13 h 46
OK. Tu fais quoi ce soir ?

10/12/2019 13 h 46
J'avais oublié un RDV avec Agathe... Tu m'aiderais à changer mes draps vers 19 h ?

Bah, si tu veux.

Tu sais faire mon lit ?

Ben, je crois. Mettre un drap, une housse…
Mais je dois être moins forte que ta femme de ménage !

Et le défaire ?

Je viens donc, jour de grève et de manif, faire ton lit et te ramener le nouveau vélo que tu me prêtes depuis que le mien est cassé. Tu choisis la parure, je me mets au travail. Tu décrètes que je fais mieux les lits qu'Odette. Tu tapes haut ! Puis on se couche sur le lit frais. Chaque fois, ça commence là.

Chloé t'a quitté à l'aube. Tu gardes un peu de son parfum sur ta peau… La discussion tourne essentiellement autour de toi sans qu'un seul instant, je me sente oubliée. J'existe mieux sans explications.

Quand Agathe arrive, je vais l'accueillir dans le salon. Je lui fais la conversation en attendant que tu t'habilles. Tu nous rejoins. Je veux partir mais t'insistes pour que je prenne l'apéro avec vous.

– Je ne voudrais pas vous déranger.

– Tu ne me déranges pas.

Agathe est venue te faire écouter un single qu'elle vient juste d'enregistrer. Une subite envie de chanter lui a traversé l'esprit alors elle lui a donné vie. Elle est bien née. Elle a les moyens de ses ambitions. Les jolies femmes pour qui tu as le béguin te demandent ton aide quand elles veulent se lancer dans la chanson. En face à face, tu ne sais rien leur refuser.

À 22 heures passées, tu dis à Agathe : « Je t'emmène

manger chez Lily Wang maintenant, après il sera trop tard. On y va ? »

Et à moi : « Tu peux garder mon vélo. C'est le tien. »

Vous prenez l'ascenseur, moi les escaliers ; on se retrouve dans le hall et je vois bien que tu vacilles au moment de me planter là. Tu feins l'indifférence mais de nous deux, le plus embarrassé c'est toi. Tu m'embrasses. Avant de sortir, tu vérifies dans la grande glace que t'es beau. Tu passes les mains dans tes cheveux pour les ébouriffer. Tu le faisais toujours.

Moi je suis contente : je garde le vélo !

85. En promo

11/12/2019 12 h 19
T'as bien dormi dans ton lit ? Je voulais te dire, j'ai pas fait ton lit parce que tu me laisses ton vélo, je l'ai fait parce que ça me plaît de le faire pour toi. Bisous, travaille bien.

Je n'ai pas besoin que tu m'expliques.
Je sais que tu l'as fait pour me faire plaisir.
Je sais que tu es vraie avec moi… […]
Je pars en promo à 16 h 30.
Tu veux venir ?

Le 13 décembre, *Christophe, etc.* Vol. 2 sortira et t'es en pleine promo. Au programme ce soir, une séance photo à l'AFP et une interview pour *Paris Match*. On part tôt à cause des grèves. Accroupi dans le couloir, tu cherches tes habits dans ta valise quand Amélie m'entraîne dans le salon. Elle m'interroge sur la soirée. Elle veut savoir si je suis allée au restaurant avec vous. Je devine qu'elle compare mon expérience avec la sienne, alors je la rassure : « Non, j'ai fait son lit et j'ai bu un coup. Après, ils sont allés manger tous les deux et moi, je suis rentrée. »

Ma réponse la réconforte : je ne suis pas mieux traitée qu'elle.

Dans le taxi, tu nous racontes la suite de ta soirée.

Après le restaurant, tu as voulu ramener Agathe chez elle mais elle a refusé : « Non, je dors avec toi. » Elle s'est couchée nue, à tes côtés. T'as fermé les yeux. Elle a pris ta main et l'a mise sur son ventre. T'as fait semblant de dormir. Depuis le temps que tu lui cours après, elle n'a pas dû comprendre. Puis ce matin, tu as demandé à Odette de changer tes draps. Tu t'en étonnes, mais tu ne voulais plus dormir entre ceux où elle s'était couchée, nue et offerte, comme s'ils étaient souillés. Ta réaction demeure un mystère que tu ne t'expliques pas.

Sur le coup, je ne doute pas de cette version car je ne vois pas quel intérêt tu aurais à me mentir : tu couches avec qui tu veux tant que ce n'est pas avec moi !

86. Noël

Cette année, tu me demandes de te rejoindre le 25 au soir… Qu'on le fête tous les deux. Mais il y a des grèves et je ne t'ai pas acheté de cadeau.

Tu pars à Grimaud le 27 décembre et je m'installe

chez toi. Tu te reposes chez les parents d'Amélie et moi, dans ton appartement. Je mange ce que je trouve dans ton frigo. Je regarde des films dans ton lit. Tes films. Je me parfume avec Santal blush de Tom Ford, un des parfums exposés sur le meuble haut de ta salle de bain.

Je me sens protégée au milieu de tes bibelots.

J'aime me réveiller chez toi, sans toi, dans ton lit. Ici, il t'arrive de rêver des mots, des mélodies. Tu les enregistres sur ton iPhone dès que tu te réveilles, sinon t'oublies. Puis tu les envoies à tes « testeurs » du moment. Autour de toi, les gens s'extasient, comme ils le feraient pour un enfant. Un émerveillement continu t'anime alors qu'on est en route vers la mort, et pas seulement celle de ma mère… Ta mort… Et je ne vois rien. Je ne sens rien. Je te sais affaibli et malade mais pour moi, ta vie est un miracle. La santé apparente qui te meut et cette joie que tu me transmets en est la grâce infinie. La mort ne peut pas te faucher. Non ! Pas toi !

87. Les dernières semaines

11/01/2020 00 h 52
Suis là amour.

Entre les visites à l'hôpital que je rends à ma mère, mon boulot et mes espérances, je suis moins disponible. Toi, tu enchaînes les interviews pour l'album de duos numéro 2 ; tu revois Chloé qui n'arrête pas de t'écrire ; tu dragues Lucile qui a l'âge d'être ta petite-fille. Tu travailles sur la bande originale du prochain film de Bruno Dumont et sur celui de Suzanne Lindon, dix-neuf ans, qui réalise son premier long-métrage. Ta vie est bien remplie. Les deadlines des BO sont proches, tout doit être bouclé pour Cannes mais tu es plus préoccupé par tes histoires de cœur que par la sélection.

Suzanne Lindon confie finalement sa musique à Vincent Delerm, par manque de budget, prétend-elle… Reste le film de Dumont. « Tous les soirs, j'ai Bruno », dis-tu. Façon de me signifier que tu l'as sur le dos.

Tu me réclames sans cesse et j'accours. Tu t'énerves quand je tarde trop, dépendante de mon emploi du temps au ciné ou simplement occupée ailleurs. Parfois, ce côté tyrannique m'angoisse mais je te pardonne tout.

Puis du jour au lendemain, tu n'es plus disponible. Une beauté m'a éclipsée et tu ne manques jamais de me le notifier.

Pas grave, j'attends. Sitôt séduite, la belle te lasse. Je te connais.

Un soir de concert à Lille, le 18 janvier 2020, tu me demandes de t'appeler.

– Ça va pas du tout avec le gars pour l'audio-bio. Tu voudrais la faire avec moi ? Parce que, tu comprends, c'est de toi dont je suis le plus proche.

– Oui. Je veux.

– C'est vrai, t'es gentille toi… On en parle à mon retour, amour.

88. 12 octobre 2020

– Y a des choses que tu n'sais pas… J'ai tout raconté à Bruno, dans ton dos, suite à cette projection le 22 janvier

où vous ne vouliez pas que je vienne. Je suis restée en plan, chez toi, pendant que vous visionniez le premier montage du film de Bruno. Contrariée mais fataliste, je t'attendais. Tu voulais qu'on aille dîner tous les deux après la projection. Je m'ennuyais, tu tardais, j'allais partir quand tu m'as annoncé que vous étiez en route et qu'on dînerait en bas de chez toi. Bruno serait là. J'étais contente à l'idée de le revoir. Il se passait un truc. Une sorte de connexion étrange… Peut-être pas réciproque, je ne peux parler que pour moi ! Il est bizarre, Dumont. Il parle comme un professeur et en même temps, y a comme un accès direct à son cœur.

– Oui, et il a soixante balais, lui !

– Ça faisait longtemps que t'avais pas parlé. Tu me manques, Christophe.

– Je sais, ma chérie.

– Pendant le dîner, vous parliez du film que vous veniez de visionner, de Léa Seydoux si belle et convaincante, de la musique qu'il te faudrait livrer pour mars et que t'avais à peine ébauchée, juste les arrangements de la chanson de Sabine qu'elle avait écrite pour toi et quelques chants enregistrés dans ton iPhone. Puis tu as parlé de tes maîtresses : le retour en force de Clémentine, la plus que belle Estelle… Bruno me regardait bizarrement. Il a souvent ce regard incrédule, Bruno. J'ai bien compris qu'il se posait des questions sur la nature de notre relation.

Après le restaurant, on est montés chez toi et quand tu es parti dans la cuisine avec le producteur choisir un digestif, j'ai dit à Bruno qui m'interrogeait sur l'audio-bio – tu leur avais dit pendant la projection que tu allais la faire avec moi parce que j'avais tout lu – que tu me virais tout le temps parce que je ne voulais pas coucher avec toi.

Alors cette fois, j'attendais que tu t'engages. Et moi aussi je voulais être payée !

Puis je lui ai dit que je voulais travailler avec lui, qu'il ne le regretterait pas, tout ça en deux minutes quand t'étais dans la cuisine. Dès ton retour, je l'ai plus calculé.

T'es fâché ?

89. L'amour satyre

Ton amour est capricieux. Il apparaît et disparaît avec la même vélocité mais tu m'aimes. Cette fois, j'y crois. Et j'aime ça.

J'entrevois ton vrai visage et il est merveilleux. Tu as raison de le cacher. Il faut te protéger. Les gens sont méchants.

Souvent, tu me répètes que plus ça va, moins tu les aimes, les gens. Parce qu'à un moment ou à un autre, presque tous ceux qui ont gravité autour de toi t'ont trahi. Et quand je te contredis, tu me reproches de les défendre. Je te contredis seulement pour que tu restes dans la lumière, celle que tu m'as montrée et à laquelle je me chauffe comme au soleil en été. Tu es l'homme le plus gentil que je connaisse. La personne la plus gentille de ma vie. Et être gentil, ce n'est pas être con : c'est être meilleur. Tes démons, tous unis pour me contredire, ne suffiront jamais à me convaincre du contraire.

Tu as été, pendant deux ans, un bain de soleil et je ne l'oublierai jamais.

90. Les derniers concerts

Le 2 février, je suis chez toi.

Dans deux jours, tu pars en concert. Une chambre est réservée pour tes amantes et Chloé s'est désistée. Alors tu insistes pour que je t'accompagne.

Tu aimerais trop que je vienne et je te jure, j'aimerais trop venir. Mais tu me préviens trop tard : je travaille et ma mère est au plus mal. Je ne peux pas tout lâcher chaque fois que tu claques des doigts ! Maintenant, alors qu'il s'avère que c'était la dernière fois où tu m'aurais emmenée ; la dernière fois où j'aurais frimé près de toi, propulsée devant les portes du luxe et de la célébrité ; la dernière fois qu'on se serait raconté qu'on est grands, hors du commun sous les étoiles et beaux à s'émerveiller l'un l'autre ; maintenant que j'ai dit non à ce dernier voyage alors que j'ai toujours adoré voyager près de toi – rappelle-toi : tu prenais ma main en me faisant les yeux doux, tous les deux assis en tailleur à l'arrière de la berline –, je regrette d'avoir été raisonnable et consciente. Je le serai moins dorénavant. Je me ferai des ennemis de ma bizarrerie et quand il sera temps, je te suivrai sans hésiter pour célébrer cette grand-messe de toi.

91. *Confession*

Je t'ai menti, je te mens. Il y a eu cet instant où tout aurait pu basculer… Je suis dans la cuisine, toi dans la chambre, j'ai envie de te dire : « Je ne t'ai pas tout dit, moi non plus. »

Tu ne reculerais pas, toi… Non, tu es courageux. Tu as de la route dans ta chair. T'as peur de rien. Tu te serais assis face à moi. Tu aurais pris mes mains dans tes mains petites et douces. Et on se serait regardés intensément, sans presque bouger.

« Christophe ! Moi aussi, il faut que je te dise mon secret ! »

92. *Voix sans issue*

21/02/2020 05 h 30
J'ai pensé à toi –
J'ai vu que le beau texto que je t'avais écrit lundi, avant qu'Estelle n'arrive, n'était pas parti…
Pensées.

21/02/2020 18 h 00
Tu es fâchée avec moi ?

Non. Pas du tout…
Je veille ma mère.
Elle va mourir dans les heures qui viennent… Après je serai là, comme avant.

21/02/2020 20 h 44
Voilà, c'est fini.

22/02/2020 06 h 46
Pensée pour que la lumière soit.

04/03/2020 11 h 34
Hâte te retrouver.

04/03/2020 15 h 45
Tu vas comment amour ? Tu me manques.

Ça va, tu sais... Je ne suis pas comme les autres. J'ai traversé.

09/03/2020 22 h 00
On se voit demain ?

Oui !
Hâte.

Je serai à 20 h avec Augustin et Laetitia pour répéter le Taratata de mercredi - je veux que tu viennes
... mercredi aussi.

Dac.
J'en ai envie aussi.

Bon ! À demain –
Tu me masseras si tu sens - j'aime. Ou mercredi en rentrant. Après dîner si tu as le courage, et tu pourrais dormir avec moi.

93. *Le petit gars*

On se retrouve à 18 heures, le 10 mars. T'es encore au lit. Dans ta chambre, les effluves d'huiles et de bougies ont laissé place à l'odeur crue des corps qui s'y sont aimés. Pisse, sueur, foutre, salive et cul. La veille, Estelle était chez toi. Tu ne t'es pas lavé pour garder son parfum sur ta peau. Je t'embrasse.

Je me lave les mains avant de te masser, à cause du coronavirus. Je dis : « La mort, ça va vite… » Façon d'évoquer furtivement ma mère… Alors tu te figes. Tu me regardes comme si j'étais en mesure de comprendre ton dilemme : « Oui, c'est pour ça que je prends le plus de plaisir possible. Tu comprends ? ».

Je crois que je suis la dernière femme qui t'ait touché. L'idée de la pandémie a fait son chemin dans ta tête. Tu n'ignores pas qu'avec ton emphysème ça te serait fatal. Mais comme tu dis, t'es un flambeur. Cette forme d'inconscience te rend libre.

Pendant que je te masse, tu me parles de la Suisse. À l'occasion du vernissage de l'exposition au MAMCO de Genève où tu interprétais des entretiens d'Olivier Mosset mis en musique par tes soins, le 25 février 2020, tu as pensé à moi. Tu es certain que si j'avais été là-bas on aurait fait l'amour. Tu sembles si sûr de toi, ça me déconcerte.

Comme j'en ai presque fini avec toi – on ne peut pas trop tarder avec l'arrivée imminente de Laetitia et des musiciens –, j'impose mes mains sur ton cœur. Je reste là, les yeux fermés. Je veux que la magie gonfle ta poitrine et te donne des forces. Je veux que ma passion insuffle dans tes poumons l'air qui portera ta voix. Je veux que tu vives aussi vieux qu'Aznavour. Je veux que notre amour d'enfants nous survive. Je veux que l'univers tout entier t'aime et te porte. Je veux qu'une lumière radieuse me traverse et te touche parce que je t'aime… Quand j'en ai fini avec mes incantations, j'ouvre les yeux. Tu m'observes, incrédule. Je te demande, mes mains toujours posées sur ta poitrine : « Tu sens ? »

Tu fais les yeux ronds, la bouche pincée sous ta moustache, amusé. Tu penches légèrement ta tête sur la droite. « Je parle à ton cœur. » Tu as entendu et visiblement, c'était beau.

Puis tu t'habilles et on investit le salon. Là, tu décrètes : « Il faut que je te paie maintenant. » Tu ouvres le tiroir de la console et tu me tends 200 euros en précisant : « C'est pas grand-chose. » Pour la première fois – la dernière aussi –, j'accepte. Et je dois reconnaître que si je me plains de ne pas être payée, j'ai toujours refusé ton argent.

94. Les dernières répétitions

Laetitia arrive, teint de lait sans maquillage, cheveux tirés. Elle respecte les gestes barrières et n'embrasse personne, contrairement aux musiciens qui lui succèdent et à nous, donc. Le virus, déjà, monopolise la conversation.

Puis vous répétez *Daisy* pour Taratata, un clip qui ne passera pas inaperçu ! Augustin au synthé, Thomas à la basse, toi et Laetitia au chant ; c'est la dernière fois que je t'entends chanter. Tu chanteras une dernière fois, pour Taratata, le jeudi 12 mars 2020.

Après dîner, tu travailles encore avec les musiciens et je prends congé. On s'embrasse. Tu me serres dans tes bras et je te rends ton étreinte. Alors tu prends mes mains et on se regarde, dans ce mélange de conviction et d'hésitation qui nous rendait heureux. Tu dis au bassiste : « Tu vois, nous, c'est comme ça qu'on se protège. »

95. Enfin libre !

Malgré toutes les filles qui s'offrent à toi, ma résistance te rend fou.

Tu n'en peux plus de me voir sans me toucher. Je te fais souffrir…

Tes demandes deviennent pressantes, urgentes, comme si tu pressentais qu'un compte à rebours avait commencé. Je suis à la caisse du cinéma, en communication avec la direction de MK2 qui veut réunir le CSE dans l'après-midi pour rendre un avis sur le chômage partiel. La fermeture des salles de cinéma semble alors inévitable. Et tu m'écris ton désir de plus en plus précis, brutal, sans détour : tu veux qu'on fasse l'amour. Cette fois, je ne peux plus me défiler.

Et puis, tu as une bonne nouvelle à m'annoncer. Une éditrice qui te porte aux nues. Dorothée. Tu vas me la présenter. Le contrat Flammarion est racheté, on est enfin libres d'écrire notre livre !

12/03/2020 13 h 59
Viens ce soir ?

Ce soir je dîne avec Matteo. Demain ? Faut que tu fasses attention au CORONAVIRUS

???? T'es devenu folle ?

C'est juste que je m'inquiète pour toi.

Inquiète-toi pour toi.
Si t'as envie.

Ok

Tu me masses plus alors ?

Si... mais je me désinfecte avant.
Le mal ne viendra pas de moi, pour toi.
Aucun mal...

On se désinfectera au lit...
Ma lèvre entre tes cuisses

Dis « peut-être... » ou « OUI » en secret
Allez ! Suis au lit ! Ça m'excite ! Allez

Ok... secrètement...
Peut-être que...

Hâte tu viennes me masser le cul, le ventre... et tu me lèches le bout... Ta langue, tes dents...[...] Je viendrai te flairer – te lécher comme un délice

Tu sais quoi ?
Tu me rends bien dans ma chair pour aller à la téloche !
Passe une belle journée.

13/03/2020 1 h 24
Tu dors ?

13/03/2020 12 h 00
Tu réponds plus ?

Si. On se voit lundi ?
Ou mardi. Ça a été, Taratata ?

Oui.
C'est long sans toi

14/03/2020 20 h 54
Chômage technique ce soir à minuit. Restos et cinémas fermés jusqu'à nouvel ordre. Ça va toi ?

14/03/2020 22 h 53
Viens !
Nous on n'est pas fermés
On a qu'à vivre ici tous les 2.

16/03/2020 13 h 00
Ça va, Christophe ?
On parle d'un confinement de quarante-cinq jours avec interdiction de se déplacer…

Ouiiii Ça va. […]

16/03/2020 14 h 19
Bon, ça va t'énerver mais fais attention à toi mon petit Christophe, je viens te voir dès que je peux.
Tu vas faire comment pour manger ?
On s'appelle quand tu te réveilles. Bisous (et sois sage pour une fois)

Ok

96. *Drôle de vie*

Tu ne sors plus de chez toi. Tu te fais livrer des pizzas. Tu es seul et Odette, ta femme de ménage, t'annonce à son tour qu'elle ne viendra plus. C'est un coup dur. Elle régente tout, Odette : les courses, le ménage, le linge… Mais comment tu vas faire sans une femme pour s'occuper de toi ? En temps normal, tu as toujours ta cour prête à te servir et soudain, y a plus personne.

Je reste à Montreuil, avec mon fils, mais je me sens responsable de toi. Ça me pèse... Chaque jour, je te fais signe. Un message, un appel. Au début, tu me réponds. T'es tourmenté. Juste avant le confinement, tu as assisté à une projection du film de Bruno. Tu pensais que la musique était finie mais il te demande encore des changements. Tu me dis : « Il n'a pas confiance en lui en ce moment, Bruno. Et moi, ça fait quatre jours que je ne suis pas allé dans le studio. »

Tu ne quittes plus ta chambre.

À un moment, tu tousses. C'est habituel avec ton emphysème, mais je crains aussitôt que tu aies attrapé ce sale virus. Je crois que t'y penses aussi.

– Tu tousses...

– C'est rien. J'ai pris froid dans le taxi après l'enregistrement de Taratata. Ma pizza arrive, je te rappelle dans cinq minutes.

Tu ne rappelles pas.

97. *Les mots bleus*

> 19/03/2020 22 h 28
> Suis aux boules.
> Call.

Le message est assorti des photos d'une partie de pétanque. Je t'imagine au jardin du Luxembourg, bravant le confinement pour profiter d'un bol d'air. T'es complètement fou. Au téléphone, tu précises : « Je suis aux boules mais dans mon lit, devant le vidéoprojecteur. » Je suis déçue. J'aurais tant voulu m'inquiéter pendant que tu gambades derrière un cochonnet, entouré d'amis aussi déjantés que toi.

Puis tu vantes mes qualités, tu dis que Mattéo a de la chance d'avoir une mère comme moi. Toi, ta mère, tu l'adorais ; et si tu ne l'as jamais critiquée, c'était une mère absente, rongée par le chagrin. Tu es toujours resté ce petit garçon éperdument amoureux d'une maman qui le délaissait pour l'amour contrarié d'un homme : ton père. Mais tu n'en veux à personne. Tu es foncièrement bon.

Avant de raccrocher, tu dis : « Je suis ton père, ton enfant, ton amour. »

Ce sont les derniers mots que tu m'aies dits.

98. *Emporte-moi*

24 mars.

« Tu as des nouvelles de Christophe ? Il ne me répond plus. »

Au téléphone, Amélie m'explique que tu es très affaibli. Ta dernière crise d'emphysème te cloue au lit et t'a ôté la voix, c'est pour ça que tu ne réponds plus à personne. Tu ne peux pas parler. « Mais ce n'est pas le Covid », insiste-t-elle. Juste une crise d'emphysème. Elle t'a proposé de revenir à Paris, ce à quoi tu as répondu : « Ça ne servirait à rien. » Cette réponse me glace. Est-ce que tu te sais perdu et, fataliste comme tu l'as toujours été, tu préfères lui épargner l'image de ton agonie ? Je chasse aussitôt ce mauvais présage de mon esprit.

Ton docteur, le docteur Vasseur, est hospitalisé parce qu'il a attrapé le Covid. Il est à Cochin, sous respirateur. Alors JP, docteur à Aix et ami de longue date, te veille à distance.

À sa demande, la gardienne de l'immeuble a sonné à ta porte mais tu as refusé de lui ouvrir. « C'est l'emphysème, ça va passer », assènes-tu sèchement à ceux qui s'inquiètent. Tu veux juste qu'on te foute la paix. À Daniel Bevilacqua, dit Christophe, on ne dit pas quoi faire ! Personne ne décide à ta place ! Pour ne pas susciter plus de colère, on t'obéit. Nul n'ose te contredire, monsieur le roi. Tu as instauré des rapports parfois très autoritaires avec ton entourage.

– Tu as prévu d'y aller ? me demande Amélie.

– Ben non, j'ai pas prévu pour le moment. Mais s'il faut, j'irai.

En toute honnêteté, l'idée de sortir ne m'enchante guère. Je ne mets plus un pied dehors depuis le 15 mars. J'évoque la possibilité d'appeler SOS médecins. Que je sache quoi faire si je dois m'occuper de toi. Je pense joindre JP pour lui demander conseil, ou prévenir les pompiers. Mais je ne fais rien. Je laisse Amélie prendre les initiatives et endosser le rôle qui lui plaît tant : être ta femme à tout faire à défaut d'être ta favorite.

Et puis, au-delà de l'emphysème qui te ronge, je m'explique en partie ton silence par le sentiment d'abandon que tu dois ressentir.

La nuit, parfois, quand tu avais bien travaillé, tu cherchais quelqu'un à qui parler, quelqu'un qui ne dormait pas.

Seul mais connecté. T'étais bien, là, peinard, à t'inventer un monde parallèle plus accueillant que la jungle du jour. Tu avais tellement besoin des autres… Des filles… Et puis tout le monde a disparu.

Dès le lendemain pourtant, les nouvelles sont meilleures. JP t'a parlé et ce soir, tu vas beaucoup mieux. Tu boudes, ça doit être ça. Alors je t'envoie ce message auquel tu répondras une dernière fois :

25/03/2020 21 h 48
Je ne t'abandonne pas. Je nous protège.

Wahooo, c'est fort, je t'❤️

Le lendemain, sur un groupe WhatsApp de méditation créé par Amélie, elle annonce l'intervention du SAMU et ton hospitalisation.

99. *Le héros déchiré*

Je contacte JP, pour en savoir plus. Comme tu refusais toujours qu'un médecin intervienne à ton domicile et que ton état se dégradait, Amélie lui a communiqué les coordonnées de Chloé. À cette dernière, il a demandé d'aller chez toi. Elle s'est exécutée, mais tu as refusé de lui ouvrir. Pendant une heure, elle est restée devant ta porte. En vain.

Pour JP, tu refusais d'être vu dans cet état, toi, le dandy de la chanson française. JP a cherché quelqu'un d'autre mais il ne trouvait personne. Amélie a sciemment omis de parler de moi car je n'avais pas prévu de venir, a-t-elle avancé pour justifier cet impair. Alors il s'est souvenu de Justyna, ta prof de piano.

Il t'a menacé de faire intervenir les pompiers si tu ne lui ouvrais pas, tu as finalement obtempéré. Tu as mis une demi-heure pour te traîner jusqu'à ta porte, affaibli, dénutri, déshydraté, sale, mourant… « J'arrive plus à respirer… », as-tu murmuré. Et tu as ouvert.

Tu redoutais l'hospitalisation et pendant plusieurs jours, tu as endossé seul les affres de la maladie, supportant tout comme un héros, sans rien dire de tes souffrances. À personne.

Je reste, maintenant, le cœur et la conscience plombés, impardonnable d'avoir raté ce dernier rendez-vous.

Je t'aurais dit : « Je suis ta mère, ton enfant, ton amour. »

100. *Le temps de vivre*

La suite, tout le monde la connaît. Tu es plongé dans le coma, intubé dans le service de réanimation de l'hôpital Cochin. Tu as chopé le Covid. J'ai des nouvelles par Amélie que la famille tient informée, et JP qui, de son côté, en obtient par Vasseur, ton généraliste.

Je ne veux pas que tu meures. Après la réanimation, j'arrêterai mon boulot pour m'occuper de toi. Tu verras, tu ne vas pas mourir. Ta mort n'est pas une possibilité.

Ton état de santé change d'heure en heure. Quand tu

sembles te rétablir un peu, ton cœur marque des signes de faiblesse. J'ai peur qu'on te débranche.

Tes chances de survie sont infimes mais j'attends un miracle, j'y crois. Tu es un thaumaturge. Tu as défié la mort plusieurs fois et à JP, tu as prophétisé : « Je m'en tire à chaque fois. » Oui, contrairement à la fin sans issue que ton âge et ton état de santé laissent présager, tu vas t'en tirer et je ne te quitterai plus jusqu'à ce que tu sois remis sur pied. Tu gambaderas de nouveau comme un gamin sans âge sur ta chaise à sons et au cul des filles, libéré des convenances et de la bien-pensance.

Le 1er avril, on te transfère à Brest et là, comme tes poumons vont mieux, l'équipe soignante décide de lever la sédation. Tu te réveilles dans une ville étrangère, loin de chez toi, loin de Paris. Tu es seul, on t'a tous abandonné, alors tu paniques… C'est tout ce que je sais. Est-ce que tu as passé un coup de fil à quelqu'un ? Étais-tu seulement en état de dire ou faire quoi que ce soit ?

L'embellie est de courte durée. Tu es replongé dans le coma, sous assistance respiratoire.

« S'il revient, dit JP, il lui faudra des mois pour s'en remettre. » T'inquiète, reviens, je serai là.

Tes poumons se détériorent mais ton cœur tient bon, alors on garde le moral. Le 13, une ultime amélioration ! Tu t'accroches ! T'es fort ! C'est ton jour porte-bonheur, le 13. Celui de ta naissance. Reste ! Tu as encore tant de sons à sculpter, tant de femmes à peindre ! Tu es trop gourmand pour mourir. Je t'en supplie, meurs pas !

Christophe est mort le 16 avril à 20 h 35.

Crédits

Page 4	© Sasha Fausset
Page 16	© Cédric Delsaux pour le magazine Numéro
Page 24	© Sasha Fausset
Page 26	Collection personnelle de l'auteure
Page 32	© Valérie Bouteille
Page 38	Collection personnelle de l'auteure
Page 42	Collection personnelle de l'auteure
Page 50	Collection personnelle de l'auteure
Page 53	Collection personnelle de l'auteure
Page 57	Collection personnelle de l'auteure
Page 58	Collection personnelle de l'auteure
Page 64	Photo prise pendant la projection de *Jeanne*, avec l'aimable autorisation de 3B Productions-Tessalit Films
Page 70	© Sophie Dewulf
Page 77	Collection personnelle de l'auteure
Page 100	© Foc Kan / WireImage / Getty Images
Page 105	Collection personnelle de l'auteure
Page 107	Collection personnelle de l'auteure
Page 157	Collection personnelle de l'auteure
Page 159	© Droits réservés
Page 164	© Olivier Gollain

Remerciements

Merci à Gilles Haéri, sans qui ce livre, et peut-être aucun livre de moi, n'aurait jamais existé.

Merci à « l'autre », Alexandre Wickham, qui m'a fait confiance et accompagnée dans la réécriture malgré un emploi du temps de ministre.

Merci à mon fils chéri, Mattéo, qui m'a présenté Christophe, et à sa fiancée Clara, pour avoir partagé mes joies et mes peines.

Et merci à Christophe, pour l'amour.

Composition : Nord Compo
Impression : Liberduplex en mars 2022
Éditions Albin Michel
22, rue Huyghens, 75014 Paris
www.albin-michel.fr
ISBN : 978-2-226-46994-6
N° d'édition : 24757/01
Dépôt légal : avril 2022
Imprimé en Espagne

Joyce McDougall:

Die Couch ist kein Prokrustesbett

Zur Psychoanalyse der menschlichen Sexualität.

Aus dem Englischen und Französischen von Klaus Laermann.

Ca. 340 Seiten, gebunden, ISBN 3-608-91636-9

Mit ihrem neuen Buch liefert Joyce McDougall ein engagiertes Plädoyer für einen psychoanalytisch freien Umgang mit den vielfältigen Erscheinungsformen der menschlichen Sexualität. Wenn die Psychoanalyse kein Prokrustesbett sein will, in dem jedes vermeintlich »abweichende« sexuelle Verhalten solange therapeutisch traktiert wird, bis es in eine rigide definierte Form und Norm paßt, muß sie sich auf dem zugegebenermaßen unübersichtlichen Feld der »Neosexualität« (McDougall) ohne Scheuklappen bewegen und die Tatsachen zur Kenntnis nehmen. Es ist McDougalls Überzeugung, daß jedes sexuelle Verhalten, mag es noch so bizarr und befremdlich wirken, im Dienste des psychischen Überlebens eines Menschen steht.

Mechthild Zeul:

Carmen & Co.

Weiblichkeit und Sexualität im Film.

Ca. 160 Seiten, gebunden, ISBN 3-608-91897-3

Die Analytikerin Mechthild Zeul gilt seit langem als die Filmexpertin unter den Psychoanalytikern. Der Film, medienhistorisch zwischen Fotografie und dem Fernsehen angesiedelt, ist vielleicht das Schlüsselmedium des 20. Jahrhunderts. Die technischen und ästhetischen Besonderheiten des Films weisen auf eine spezifische Nähe zu Technik und Ästhetik des Traums auf, so daß es nicht abwegig ist, eine bestimmte Affinität zwischen Psychoanalyse und Film zu vermuten. In *Carmen & Co.* untersucht Zeul jene kulturell meist unbewußten Inszenierungen von Weiblichkeit und Sexualität, wie sie z.B. für den spanischen Film der vierziger und den deutschen Film der fünfziger Jahre typisch waren. Mit ihren Filmarbeiten gewinnt Zeul der Psychoanalyse ein Terrain zurück, das in der Regel beharrlich gemieden wird, von dem aber schon Freud glaubte, es sichere die Zukunftsfähigkeit seiner Schöpfung – das Terrain der Kulturanalyse.

VIP